dtv

Coco Schumann
Der Ghetto-Swinger

Eine Jazzlegende erzählt

Aufgezeichnet von Max Christian Graeff
und Michaela Haas

Deutscher Taschenbuch Verlag

Originalausgabe
September 1997

Lektorat: Kai Precht, Edition diá, Berlin
Umschlagkonzept: Balk & Brumshagen
Umschlagfoto: Jan-Peter Böning, ZENIT/Berlin
Fotos: Burkhard Peter, Berlin (Seiten 207, 209, 210, 218, 223), Ingeborg Peter, Berlin (Seiten 112, 117, 118), Wolfgang Roth, Köln (Seite 131, 150), Walter Weitzer (Seiten 47, 132), dpa-Bild (Seite 217), Jüdisches Museum, Prag (Seiten 62, 71), Gedenkstätte Theresienstadt (Seiten 63, 69), Landesbildstelle Berlin (Seite 216), Novafoto, Mailand (Seite 51) und Privatarchiv (übrige Seiten)
Gestaltung und Satz: Rainer Zenz, Berlin
Gesetzt aus der Sabon 11/14˙ mit QuarkXpress
Druck und Bindung: Kösel, Kempten
Gedruckt auf säurefreiem, chlorfrei gebleichtem Papier
Printed in Germany · ISBN 3-423-24107-1

9
How high the moon

11
Berliner Luft

28
You can't stop me from dreaming

59
Avant de mourir

79
La Paloma

103
Summertime

121
Riders in the sky

137
On the sunny side of the street

148
Foolish things

164
Razzle dazzle

182
Doswedanje

203
Autumn leaves

225
Diskographie

Wenn ich nicht zwei Meter groß wäre,
blond und germanisch,
hätte ich das alles nicht durchgestanden.

How high the moon

Die letzten Töne von *How high the moon* verklangen. Eine warme Nacht im August. Ich lege meine alte Gibson-Gitarre zur Seite, trete nach dem Applaus vor die Tür der *Ewigen Lampe* und blicke in den Himmel über Charlottenburg. Der Mond steht hoch zwischen den Häusern und scheint heute abend ein wenig besorgt zu mir herunter. Schon wieder ist es sehr spät geworden – ob sich das für einen Mann meines Alters gehört? Das habe ich mich schon vor sechzig Jahren gefragt, als ich mir als Zwölfjähriger die ersten Nächte um die Ohren schlug. Dazwischen liegt der wesentliche Teil dessen, was mein Leben ist. Morgens stand in großen Lettern unter meinem Konterfei in einer bekannten Tageszeitung: »Coco Schumann: Das schreckliche Leben einer Jazz-Legende«! Aber das stimmt nicht. Nein, mein Guter, sage ich mir angesichts des hellen Planeten, wild und bunt lief es, manchmal zu lang und immer zu kurz, das Leben hat sich unglaublich böse und entsetzlich schön gezeigt. Nur eines war und ist es mit Sicherheit nicht: schrecklich.

Die Worte in der Zeitung waren nicht einmal boshaft gemeint, im Gegenteil. Sie stehen nur für eines der Mißverständnisse, die auftauchten, als ich von meinem Leben erzählte, da dieses Leben ein paar Jahre enthielt, die nicht nur mich selbst, sondern die Welt veränderten. Ich bin ein Kind meiner Zeit, und als solches, zudem jüdisches, habe ich wie Millionen anderer Menschen ein paar Jahre in einem Konzentrationslager der Nationalsozialisten zugebracht. Das Leben hätte sehr früh und sehr schnell zu Ende sein können. Eine kurze, doch endlose Zeitlang war mit dem nächsten Tag nicht mehr zu rechnen gewesen. Daß er dann kam, daß er immer wieder kam, bis die Gefahr vorerst vorüber war, dafür bin ich bis zum heutigen Tage dankbar. Das Gefühl hat mein gesamtes Leben geprägt. Im Gegensatz zu Millionen anderen habe ich überlebt. Vierzig Jahre lang habe ich nicht darüber reden wollen oder können, erst dann habe ich zu erzählen begonnen.

Berliner Luft

Fünf Groschen sollten meine Mitschüler und ich an diesem Tag mit in die Schule bringen. Wir betraten die Klasse. Vorne an der Tafel lehnte ein großes Brett mit vorgebohrten Löchern in der Form eines Rhombus. Ordentlich stellten wir uns in einer Reihe auf. Einer nach dem anderen »kaufte« sich bei unserem Lehrer einen Nagel mit großem Messingkopf, trat vor zum Brett und schlug ihn in eines der Löcher ein, während der Lehrer erklärte, daß das, was sich da vor unseren Augen und unter dem Zutun jedes einzelnen formte, das Zeichen einer neuen Vereinigung sei, der Hitlerjugend, in der wir jetzt alle Mitglied würden. Wir alle, dachte ich, bis ich an die Reihe kam und mir der Lehrer erklärte, daß ich als Jude damit nicht gemeint sei. Entgeistert starrte ich ihn an und verstand nichts. Es war das erste Mal, daß mir jemand sagte, daß ich Jude sei. Daß ich nicht das sei, was ich glaubte zu sein, ein Deutscher, ein Kamerad, ein Teil dessen, was gerade in meinem Land entstand.

Todtraurig schlich ich nach Hause. Zuerst dachte ich, der Lehrer hätte mir lediglich einen Scherz von neulich übelgenommen; er hatte gutes Wetter in der Klasse machen wollen und angekündigt, nur noch bei den Eltern seiner Schüler einzukaufen. Da fiel mir ein, ihn zu bitten, auch einmal bei meiner Mutter vorbeizukommen. Er hatte eine Glatze und bis dahin nicht gewußt, daß meine Mutter Friseuse war! Am Abend jenes Tages erklärten meine Eltern mir erstmals und sehr vorsichtig, was es wirklich auf sich hatte mit der neuen Zeit. Ich war zu jung, um zu verstehen. Ich wollte wohl auch nicht. Vorerst fühlte ich mich nur beleidigt und nahm es als persönliche Schikane eines Lehrers. Aber nach und nach »halfen« mir die Klassenkameraden dabei, den Fall zu klären. Sogar viele, mit denen ich bisher bestens ausgekommen war, nahmen Abstand von mir und bestanden plötzlich auf einem uns bis dahin nicht bekannten Unterschied zwischen sich und mir.

Der 14. Mai 1924 war, wenn ich mich richtig erinnere, ein ruhiger, sonniger Tag. Die Deutschen blickten gespannt auf die Entwicklung der Dinge nach den Wahlen zum zweiten Reichstag der Republik. Man hatte sich beiderseitig für die Extreme entschieden; Deutschnationale und Nationalsozialisten, aber auch die Kommunisten hatten »abgeräumt«, die Demokraten und die Parteien der Mitte einen Großteil ihrer Sitze verloren. In den Kinderzimmern dienten die letzten Geldbündel der vergangenen Inflation zum Burgenbau. Eisbein war wieder für fünfundsechzig Pfennige das Pfund statt für stündlich wechselnde Milliardensummen zu haben. In Paris trafen die Franzosen die letzten Vorbereitungen für die VIII. Olympischen Spiele, während ganz Italien noch immer den plötzlichen Tod der Eleonora Duse betrauerte. In Berlin hingegen gaben sich moderne Menschen dem brandneuen Massenmedium der Zukunft hin und saßen vor ihren Rundfunkempfängern, um Unterhaltungskonzerten zu lauschen. Die Geräte waren noch lange nicht in jedem Haushalt zu finden. So besuchte man auch am Abend jenes Mittwochs eines der unzähligen Lokale, um den Klängen der Orchester zu lauschen, der politischen Lage zu entfliehen und mit Louis Armstrong zu singen: »I wish I could shimmy like my sister Kate«, oder, etwas berlinerischer: »Bei jedem Shimmy, jedem Blues trittst du den Damen auf den Fuß!« In Landsberg diktierte ein Häftling das erste Kapitel seines Buches *Mein Kampf*.

Das alles interessierte mich nicht sonderlich an jenem ersten Abend. Galt es doch zunächst einmal, sich zurechtzufinden auf dieser Welt, während zahlreiche begeisterte

Tanten meine Wenigkeit, Heinz Jakob Schumann, von Arm zu Arm wandernd, seufzend willkommen hießen.

Salon des Großvaters Louis Rothholz

Meine Mutter Hedwig, geborene Rothholz, eine deutsche Jüdin, war wie die meisten ihrer sieben Geschwister Friseuse und arbeitete im Frisiersalon ihres Vaters Louis Rothholz im Berliner Scheunenviertel. Wir wohnten in der Gormannstraße, nahe dem Rosenthaler Platz. Mein Vater Alfred kam aus einer thüringischen Handwerkerfamilie, war Dekorateur und Polsterer und das, was später »arisch« genannt werden sollte. Wir lebten recht einfach, bescheiden, zufrieden und typisch »deutsch«. Die Vaterlandstreue meines Vaters ließ keinen Zweifel zu, war er doch stolz darauf, im Ersten Weltkrieg an der Front mehrfach verwundet worden zu sein. Darin übertraf ihn nur mein jüdischer Großvater, der einen prächtigen Kaiser-Wilhelm-Bart trug, seine Wohnzimmerwand mit Helm und Säbeln dekoriert hatte und sich stets freute, wenn ich bewundernd vor diesem beeindruckenden Ensemble stand und seinen euphorischen Erzählungen lauschte.

Unsere Familie zeichnete sich nicht sonderlich durch ihre Religiosität aus. Die christlichen Verwandten verstanden sich ausgezeichnet mit dem jüdischen Teil. Das Neben- und Miteinander beider Religionen stellte in keiner Weise ein Problem dar; im Gegenteil, wir freuten uns über die Möglichkeit, den Alltag durch das Feiern jüdischer Feste zu bereichern. Der Weihnachtsbaum stand neben dem Chanukka-Leuchter, Ostern wurde bei den Eltern meines Vaters gefeiert und Pessach bei denen meiner Mutter. Die Familie machte keine großen Unterschiede, was ich schon damals ideal fand. Meine gesamte Kindheit verlief daher unbekümmert und heiter.

Auf Wunsch meines Vaters, der bei seiner Hochzeit in die Jüdische Gemeinde eingetreten war, beschnitt der Mohel unserer Gemeinde mich wenige Tage nach meiner Geburt, und

Vater Alfred Schumann

dadurch – wovon damals noch keine Rede war – wurde ich ein »Mischling zweiten Grades«. Mein Vater bestand darauf, daß ich ihn in die Synagoge in der Oranienburger Straße begleitete. Die Atmosphäre des jüdischen Lebens in der Berliner Mitte war schon einprägsam und ist mir bis heute vertraut und angenehm im Gedächtnis; konkrete Erlebnisse aus dem religiösen Leben meiner Kindheit habe ich nicht behalten. Von klein auf war ich eher dem Leben auf der Straße zugetan als dem in der Gemeinde und interessierte mich zu feierlichen Anlässen vorrangig für die ausgelassene Stimmung, die Musik und kulinarische Genüsse. Ich genoß die jüdischen Feiertage, an denen ich, obwohl ich auf die evangelische Schule ging, frei bekam und mich im Scheunenviertel herumtreiben konnte.

Seit frühester Kindheit hatte ich, neben dem Herumstromern, nur eine große Vorliebe, die Musik. Alle unsere Verwandten waren mehr oder weniger musikalisch und sangen oder spielten ein Instrument. Nur meine Eltern beherrschten lediglich das Grammophon vorzüglich und nudelten quer durch den Garten alles ab, was die schnellebige Zeit ihnen bot. Als Berliner hörten sie Paul Linckes Melodien rauf und runter, das *Glühwürmchen* zum Beispiel, aber auch die moderneren Zeugnisse dieser lauten, turbulenten Tage: Revuen, amerikanische Filmmelodien, Foxtrott, Charleston, Jazz und Black Bottoms. »Tempo« war eines der Lieblingsworte, die Musikwelt stand kopf. Jeder Tag brachte neue Schlager und Variationen, altbekannte Ohrwürmer wurden »verjazzt«; abenteuerlustig versuchte man gar, den Marschrhythmus der *Berliner Luft* in Synkopen zu übersetzen. Von der klassischen Seite des musikalischen Spektrums her näherte sich Richard Tauber, der seine Opernverpflichtungen aufgegeben hatte, um in Franz Lehárs Operetten Hauptpartien zu singen. Die ersten Rundfunkgeräte ohne Kopfhörer, mit Verstärker und Lautsprecher, standen in den Wohnzimmern und gaben der Modernität der Tage einen zusätzlichen Schwung.

Wenn meine Eltern tagsüber das Haus verlassen hatten, zog ich mir einen Stuhl vor das Gerät, nahm zwei Kochlöffel und trommelte in allen Variationen mit, was meine Arme hergaben. Oder ich griff zum Entsetzen der Nachbarn zu dem Akkordeon, das ich leichtsinnigerweise geschenkt bekommen hatte, nachdem der Mann von Tante Trude mich einmal auf seinem Bandoneon hatte spielen lassen. Nun versetzte ich mich, am liebsten Sonntag morgens, in die Rolle des Starakkordeonisten des Tanzorchesters Dajos Béla im Hotel Adlon und begleitete auf verwegene Weise und nur zum anfänglichen Vergnügen meiner Umgebung die *Broadway-Melodie, Constantinople* oder den Kálmán-Hit *Im Himmel spielt auch schon die Jazzband* aus dem Radio.

Mein Lieblingsonkel Arthur, ein Bruder meiner Mutter und natürlich Friseur, war Schlagzeuger einer Zigeunerkapelle im Berliner *Prater.* Ich erinnere mich noch sehr genau an den Morgen nach einer Geburtstagsfeier bei meiner Großmutter, zu der diese Band eingeladen war. Ich muß vier Jahre alt gewesen sein. Ich stand als erster auf und bewunderte die herumliegenden Instrumente, setzte mich an die »Hütte« meines Onkels und legte los. Das verfehlte seine Wirkung nicht, sowohl auf meine schlafende Umgebung als auch auf meinen weiteren Lebensweg. Seit jenem Tag stand für mich fest, daß ich Musiker werden wollte. Die Musik war wie ein Bazillus, den ich nie wieder loswerden sollte.

So schön es bei uns zu Hause auch war, meine Kindheit verbrachte ich mehr auf der Straße als in der Wohnstube. Meine Eltern waren tagsüber meist nicht daheim; auch als mein Vater wie viele arbeitslos wurde, war er ständig unterwegs, um Gelegenheitsarbeiten aller Art zu suchen. Eines der eindrücklichsten Bilder jener Zeit war der Blick aus unserem

Großvater Louis Rothholz

Erster Schultag im Hof von Onkel Arthur

Fenster auf das Arbeitsamt gegenüber und auf die nicht enden wollenden grauen Schlangen von Menschen davor. Die allgemeine Stimmung war – wie die politische Landschaft – geprägt durch die Extreme: depressive Bedrückung auf der einen und Ausgelassenheit und Improvisation auf der anderen Seite.

Wir mußten uns etwas einfallen lassen, um durchs Leben zu kommen. Meine Mutter verdiente jetzt unseren Lebensunterhalt mit Hausbesuchen bei ihrer Stammkundschaft und zog durch sämtliche Vororte Berlins. Ihr Bruder Arthur war dagegen ein Hansdampf in allen Gassen und recht typisch für das Scheunenviertel. Er wußte schon damals sämtliche Gelegenheiten des Lebens zu nutzen und führte ein gutlaufendes Geschäft. Ich sehe ihn vor mir stehen, vor dem großen Spiegel, zusammen mit Onkel Max. Mit einem Augenbrauenstift hatten sie sich Schnurrbärte angemalt, trugen sogenannte Kreissägen und karierte Charleston-Hosen und übten halsbrecherische Tanzschritte zu den neuesten Scheiben. Ich denke, Onkel Arthur hat mich von allen Verwandten am meisten beeindruckt und geprägt. Zu unseren Familienfesten erschien er stets im Frack mit weißer Chrysantheme im Knopfloch. Ganz der Mann von Welt, besuchte er die Bälle, die man besuchen mußte, und spielte in vielen Kapellen.

Die aufregendsten Seiten des Scheunenviertels habe ich erst kennengelernt, als wir schon nicht mehr dort wohnten. Für kurze Zeit hatten wir uns in Rudow niedergelassen, und später am Kottbusser Damm, wo meine Mutter in einem Kellergeschäft, dessen Räume sie günstig mieten konnte, einen eigenen Friseursalon eröffnete, der sie rund um die Uhr beanspruchte. Ich nahm mein Leben sehr früh schon selbst in die Hand und versuchte, die Tage nutzbringend zu organisieren. Meistens fing ich damit im Geschäft meiner Mutter an, indem ich Gespräche mit den Kunden begann und allen

Vater Alfred, Tante Rosa, Coco, Tante Hanni 1928

im Laden so lange auf die Nerven fiel, bis sie mir ein paar Groschen in die Hand drückten und mich hinausschickten. Dann wechselte ich zu den Verwandten in Mitte.

Das Scheunenviertel hatte eine prickelnde Atmosphäre zum Stromern; es war eine arme und lebhafte Gegend, in der jeder zusehen mußte, wie er über die Tage kam. Bei uns Juden hieß das Viertel »Medine finster«, was wohl von dem arabischen Wort »medina« für Stadt, Stadtbezirk kommt; es galt nicht gerade als feine Gegend. Von den einfachen Holzscheunen und Viehhütten, die seit dem 17. Jahrhundert hier gestanden hatten, waren kaum welche übrig. Seit der Jahrhundertwende war der Alltag im Scheunenviertel durch chassidische Juden bereichert worden, die aufgrund antisemitischer Stimmungen aus den Schtetln des Ostens in die preußische Metropole kamen. Sie hatten ursprünglich vorgehabt, an die Küsten und schließlich nach Amerika weiterzureisen. Aber mehrere Tausend von ihnen blieben in der

Berliner Mitte hängen und machten sie rund um das Scheunenviertel zu ihrem kleinen Galizien.

In der »Mulackei« hingegen, benannt nach der berüchtigten Mulackstraße, die von der Gormannstraße abzweigt, fühlte sich seit jeher die Halb- und Unterwelt zu Hause. So entwickelte sich schnell das, was man das unverwechselbare Berliner »Milljöh« nannte. Als kleiner Junge hatte ich mich gefragt, warum denn nächtelang die vielen Damen vor den Haustüren herumstanden, aber da ich die Augen offenhielt, erklärte sich mir das Leben schnell von selber. Dort in den Straßen zwischen unserer ehemaligen Wohnung und dem Alexanderplatz lungerte ich also herum und beobachtete das alltägliche Treiben, die Treffpunkte der Prostituierten und die Unterweltler, die ärmeren, verkrachten Ganoven wie die Organisierten vom »Ringverein«. Die Mitglieder dieses kriminellen Zusammenschlusses kleideten sich eleganter. Von ihnen profitierten die vielen Konfektionsgeschäfte der Gegend, aber auch die Friseure lebten nicht schlecht. Meine Verwandten der Reihe nach abzuklappern und die Groschen einzusammeln lohnte sich durchaus für mich.

Onkel Willi hatte in der Linienstraße, schräg gegenüber von Onkel Arthurs Laden, ein Fuhrgeschäft mit Pferdewagen. Im Innenhof des Blocks lagen die Ställe mit Pferden und ein paar Kühen. Es gab eine Meierei und einen Schlachter, bei dem ich für meine Tanten oft Wurstsuppe holte, die aus allem hergestellt wurde, was bei der Blut- und Leberwurstherstellung übrigblieb und köstlich schmeckte. Wenn ich dann eher zweifelnd in die Kanne hineinschaute, der seltsamen Dinge wegen, die darin schwammen, hieß es: »Es wird gegessen, was die Kelle gibt!« Wir aßen nie wirklich koscher. Uns standen alle kulinarischen Möglichkeiten zur Improvisation zur Verfügung. Aus den Tagen hat sich bei mir eine Vorliebe für einfache, trickreiche Gerichte erhalten; meine Mutter und die Tanten besaßen die große Fähigkeit, aus nichts oder wenig die schönsten Gerichte zu zaubern. Oft hieß es dann, sie hätten sich ein altes »schwedisches Rezept« verraten lassen!

Zu jüdischen Feiertagen wurden dann aber schon besondere Dinge aufgefahren. Wenn ich mit dem Großvater, meinem Vater, den Onkeln Arthur und Max aus der Synagoge kam, wurde Milchkaffee mit eingebrockter Mazze gereicht, mein Leibgericht, und abends Klöße aus Mazze mit Zimt, Zucker und Mandeln, in Hühnerbrühe gekocht. Mit diesem Essen sind für mich die Sederabende, die beiden ersten Abende des Pessachfestes, verbunden, an dem ich eines der wenigen jüdischen Gebete, die ich auswendig konnte, als Jüngster am Tisch vortragen mußte. Ehrlich gesagt, ich konnte es nur phonetisch nachsprechen: »Ma nischtana haLaila hazeh michal haLeilot ...« Es steht in der Pessach-Haggada und gehört zu den vier Fragen an den Jüngsten: »Warum unterscheidet sich diese Nacht von allen anderen Nächten?« Die Prozedur erhielt dadurch ihre Spannung, daß keiner essen durfte, bevor ich die Worte nicht endlich auf die Reihe gebracht hatte. Das verband sich mit einigen Mühen, aber auch großem Vergnügen. In dieser Hinsicht ging es ziemlich locker bei uns zu, keiner wurde gezwungen, sich damit wirklich auseinanderzusetzen. Erst nach 1933 bekam ich von einer anderen Seite erklärt, daß ich Jude sei und was das angeblich bedeutet.

Die Machtergreifung der Nationalsozialisten im Januar 1933 erlebte ich als Fackelzug über den Kottbusser Damm. Ich kannte die braunen Uniformen schon, aber als Siebenjähriger stellte ich mir über Dinge, die Alltag, die »normal« waren, keine Fragen. Dieser Zug hingegen veränderte etwas. Er stellte nichts Bedrohliches dar; aber der Aufmarsch der Uniformen und die Wucht der Bilder, die sich hier boten, faszinierten mich. Die dumpfe Prächtigkeit dieser Inszenierung schlug mein kindliches Gemüt in den Bann, nicht anders als bei fast allen anderen Deutschen. Die dort marschierten waren diejenigen, die aus den schlechten Zeiten bessere machen wollten, wie sie sagten. Als Kind fühlte ich mich genauso deutsch wie meine katholischen oder evangelischen Schulkameraden. Für mich bestand kein Unterschied zwischen denen und mir. Bis zu ebenjenem Tag, an dem wir die fünf Groschen in die Schule mitbringen sollten.

Eines Tages standen zwei SA-Angehörige vor dem Geschäft meiner Mutter, malten einen Judenstern an die Scheibe und versperrten der Kundschaft den Weg. In der ganzen Stadt bot sich das gleiche Bild, begleitet von Auseinandersetzungen, Schlägereien und Verhaftungen. Die Polizei schloß sich den SA-Trupps an, auf den Straßen floß das Blut Oppositioneller oder »provokanter« Juden. Immer öfter bekam meine Mutter Besuch von der SA. Schließlich, 1934, faßte mein Vater den Entschluß, ihnen durch einen Umzug nach Halensee, der vornehmen Gegend am Ende des Kurfürstendamms, auszuweichen. Dort wußte niemand, daß meine Mutter Jüdin war. Wir mieteten eine große Wohnung mit fünf Zimmern, die dennoch recht billig war, weil sie Fenster zu den Gleisanlagen der Bahn hatte. Meine Mutter eröffnete abermals einen Frisiersalon, der sich schnell entwickelte. Ich besuchte eine Schule in der Nähe, meine Klassenkameraden wußten nicht Bescheid; der Alltag verlief vorerst wieder normal.

Bis mein neuer Lehrer mit der Zeit Wind von der Sache bekam und anfing, ausfällige Bemerkungen zu machen. Danach fanden sich wieder viele Mitschüler zur Feindschaft mit mir bereit, aber ich hatte mir in einer Mischung aus Unverständnis und Trotz vorgenommen, mir nicht mehr viel anhaben zu lassen. Meinerseits hatte ich keine Gegnerschaft zu dem neuen Regime; im Gegenteil, ich wollte mitmachen bei dem, was sich da tat – was es auch war. Die Übergriffe auf unser damaliges Friseurgeschäft und unser damit verbundener Umzug, all das schob ich beiseite, um keine Schlüsse ziehen zu müssen. Zudem kannte ich genügend Menschen, die meine Freunde sein wollten. Wenig ließ mich spüren, daß im September 1935 mit den Nürnberger Gesetzen die staatliche Judenverfolgung offiziell begann.

Im Oktober, als das »Gesetz zum Schutz der Erbgesundheit des deutschen Volkes« erlassen wurde, mit Ariernachweis und Heiratsverbot, wurde mein Vater zum wiederholten Male vor eine Entscheidung gestellt, die zu fällen ihm nicht schwerfiel und derentwegen ich mir immer wieder sage: Mein Vater war ein Held. Nicht aufgrund stolzer Taten für sein deutsches Vaterland, sondern wegen einer klaren Antwort auf eine klare Frage. Die Nationalsozialisten hatten ihm schon einmal angeraten, seinen »Fehler« zu korrigieren, sich von seiner Frau scheiden zu lassen und seine »arische« Haut zu retten. Aber auch jetzt, als ihn der Gesetzeserlaß zu einer definitiven Antwort aufforderte, zögerte dieser mutige Mann keine Sekunde, zu sagen: Ich lasse meine Familie nicht im Stich! Es ist nicht meine Art, Dinge oder Taten groß zu bewundern; hier allerdings machte ich eine Ausnahme, auch wenn ich das Risiko, das mein Vater mit dieser Antwort auf sich nahm, erst Jahre später ermessen konnte.

Die Schule bot mir wenig, was mich interessierte. Außer in den Fächern Turnen und Musik bewegte ich mich im unteren Leistungsmittelmaß. Unser Musiklehrer zeigte mit der Zeit gar Verständnis dafür, daß ich in seinem zweiten Fach Mathematik nicht viel taugte; er nahm mich beiseite und sagte: »Mach dir nichts draus, du bist halt Musiker.« Einige meiner Freunde besaßen Instrumente und begannen schon, bei gelegentlichen häuslichen Treffen zu jazzen.

Ich trieb mich herum. Durch die neue Wohnung hatte sich mein Radius beträchtlich erweitert. Nach wie vor besuchte ich unsere Verwandten in Mitte, holte mir meine Groschen ab, verdiente durch Hilfsarbeiten bei einem Obsthändler am Lehniner Platz dazu und kam so, obwohl meine Eltern immer weniger Geld zur Verfügung hatten, auf ein ganz nettes Taschengeld. Das investierte ich zu einem beträchtlichen Teil in der Weba-Eisdiele in der Charlottenburger Pestalozzistraße, direkt gegenüber der Wohnung meiner Großeltern väterlicherseits, in die größten Eiswaffeln Berlins.

Auf dem Plätzchen neben der Eisdiele hingen ein paar Jugendliche herum, etwas älter als ich. Sie schnauzten mich an, ich antwortete, wir prügelten uns, ich gab ein paar von ihnen »eins aufs Maul« und war akzeptiert. Meine erste Begegnung mit den sogenannten Swings, zu Beginn des Jahres 1936.

Von nun an trafen wir uns täglich, fuhren mit dem Fahrrad ins Berliner Umland oder zum Schwimmen an den See. Doch meist hockten wir vor Weba und hörten Platten. Einer von uns arbeitete bei der Post, wir nannten ihn den »Postminister«. Er verdiente schon etwas Geld und konnte es sich leisten, sich »englisch« zu kleiden. Der letzte Schrei waren damals lange Jacketts, spitze Hemdkragen und schmale Krawatten mit ganz kleinem Knoten, dem sogenannten Schallplattenknoten. Der »Postminister« hatte immer einen Lido-Koffer bei sich, einen lederbezogenen Telefunken-Plattenspieler. Keine Woche später war die Musik jener Jungs auch die meine. Die heißesten und neuesten Scheiben hatten sie dabei, Duke Ellington, die Chick Webb Band mit der frischentdeckten Ella Fitzgerald, Horst Winter, Teddy Stauffer, Nat Gonella, Die Goldene Sieben (mit Kurt Hohenberger als Trompeter) und, wenn ich mich nicht täusche, auch schon Artie Shaws *Japanese Sandman*. Sie waren bestens ausgestattet. Der Zufall – vielleicht auch der Instinkt oder eine unbewußte familiäre Prägung für die lebendigen Variationen der Musik – stieß mich in die passende Umgebung, auf Menschen, die meinen Weg innerhalb von ein paar Tagen endgültig veränderten. Von diesem Zeitpunkt an herrschten in meinem Leben Jazz und Swing.

Im Jahre 1936 brannten die Nächte in Berlin. Zum einen hatte sich das nationalsozialistische Regime allerorten festgesetzt und zeigte sein wahres Gesicht, zum anderen schien ganz Berlin angesteckt vom »undeutschen« Fieber des Swing. Bereits seit 1930 unternahmen die Nazis zahlreiche Versuche, diese »anglo-jüdische Seuche«, wie es hieß, unter Kontrolle zu bringen. Die Aktionen hatten dazu geführt, daß bekannte und beliebte Musiker das Land verließen: Dajos Béla war im Februar 1933 nach Holland gegangen, um 1936 endgültig nach Argentinien auszuwandern. Auch die großartigen Weintraubs Syncopators emigrierten auf einer Tournee nach Australien. Ihre ehemaligen Pianisten Friedrich Hollaender und Franz Wachsmann gingen anschließend in die USA, wo aus Wachsmann einer der gefragtesten Filmkomponisten Hollywoods wurde. Der frühere Pianist der Syncopators, Martin Roman, ließ sich in Holland nieder. Trotz dieser und zahlreicher anderer Verluste für unser Musikleben entwickelte sich bei uns kein politisches Bewußtsein. Blieben die Freiräume doch enorm, die Definitionen flexibel und die Dynamik des Geschehens eine ständige Überforderung für die Wächter über Sitte und Moral.

Im Gegensatz zur Literatur und bildenden Kunst ließen sich die Komponisten, Musiker und Interpreten nicht leicht ausgrenzen und in der Ausübung ihrer Berufe behindern. Zudem konnte das Regime nicht innerhalb kürzester Zeit auf weite Teile der »Unterhaltungsindustrie« verzichten. Zwar untersagte schon 1933 die Reichsmusikkammer »das

Führen von ausländischen oder ausländisch klingenden Decknamen«, und der Hadamovsky-Erlaß im Oktober 1935 verfügte für den Rundfunk ein »Verbot des Nigger-Jazz«, aber das war im Grunde nicht durchzusetzen. Die Fans liebten die ausländischen Sender, und der Plattenmarkt mit seinem Im- und Export boomte. Die Stadt stand schon unter Strom, als sich dann die Verordnungen anläßlich der bevorstehenden Olympiade weiter lockerten. Schließlich wollten die Nazis der ganzen Welt beweisen, was für ein tolles Land aufzubauen sie im Begriff waren, wie souverän sie über den Dingen standen und diese ins eigene Vergnügen miteinbezogen.

Swing und Jazz zählten in allen Variationen zu den vermeintlich schädlichen Auswüchsen des Lebens. Doch durch die Probleme beim Verbot und dem unbestreitbaren Unterhaltungswert auch für manch einen Parteigenossen erfuhren sie eine zuweilen eigenartig widersprüchliche Akzeptanz. Die Machthaber entschlossen sich, den Schwung dieser Musik zumindest für die Zeit zu nutzen, da die Augen der Welt auf die Olympiastadt Berlin blickten, die in voller Pracht erstrahlen sollte. Wer von uns wußte schon, daß zeitgleich mit den Spielen das Konzentrationslager Sachsenhausen bei Berlin fertiggestellt wurde?

You can't stop me from dreaming

Mich trieb jener Frühling fast jeden Abend in die hellerleuchteten Straßen rund um den Kurfürstendamm, in denen ein Lokal neben dem anderen lag. In allen spielte eine Band oder Tanzkapelle. Ich schlich von Tür zu Tür, lauschte den herausklingenden Tönen und Musikfetzen und genoß den Duft der großen, weiten Welt, der aus den Ventilatoren über den Eingängen nach draußen wirbelte, sog dieses undefinierbare Gemisch von Parfum, Rauch und Alkohol in die Nase und versuchte mit der Zeit, die Namen der Kapellen und die Titel ihrer Stücke herauszubekommen.

Eine absolute Besonderheit stellte der legendäre *Delphi-Palast* dar, das Mekka aller Swingfans. Er wurde nach längerem Leerstand 1930 wiedereröffnet von Josef König, einem jüdischen Gastronomen, mit extravaganter Ausstattung – Schiebedach, hydraulische Bühnen in der Tanzfläche und Tischtelefone. Schon bald war er zu einem Mythos geworden. 1936 war Josef König bereits emigriert, doch seine Lebensgefährtin und sein Sohn führten das *Delphi* weiter und im Jahr der Olympiade zu besonderer Blüte. Hier fand das denkwürdige Gastspiel des großen Teddy Stauffer statt, mit seinen Original-Teddies, die ihren »englischen« Namen nur mit einer Ausnahmegenehmigung der Reichskulturkammer hatten beibehalten dürfen. Zwei Wochen nachdem Stauffer angereist war, und zwei Wochen vor Beginn der Olympischen Spiele am 1. August nahm er entgegen allen geltenden Bestimmungen unter den Augen der kurzzeitig unschlüssig gewordenen Diktatur, die auf die Devisen der internationalen Gäste schielte, seine erste Platte bei Telefunken auf: *Goody goody for me* und *Alone*. Das wurde, wie er später sagte, »der größte Verkaufsschlager, den es in

Deutschland bisher gegeben hatte«. Allein in dem Jahr folgten mindestens zehn weitere Telefunken-Scheiben, allesamt Welterfolge jüdischer Komponisten und Autoren.

Dort auf der Mauer, die den weitläufigen Vorgarten des *Delphi* umrandete, saß ich mit meinen dreizehn Jahren und beobachtete das Geschehen. Die Tänzer hotteten auf der Tanzfläche im Freien durch die warmen Sommernächte, die Bedienungen mußten nicht minder elegante Verrenkungen vorführen, um zu den überfüllten Tischen zu kommen. Stauffers Band löste mit ihren Kapriolen wahre Begeisterungsstürme aus. Ich lauschte jedem Ton und wünschte nichts sehnlicher, als endlich an dieser Welt teilnehmen zu dürfen. Wenigstens als zahlender Zuschauer, als eleganter Tänzer – eben als Erwachsener und nicht mehr nur als Zaungast. Die Bands begannen mit ihrem Programm schon am Nachmittag und hörten erst spät in der Nacht auf. Eine aufregende Mischung bekannter Namen war vertreten: Neben Stauffer spielten im *Delphi* Max Rumpf, Günther Herzog, Heinz Weber und viele andere.

Wenn ich dann spät in der Nacht nach Hause schlich, erwartete mich schon meine arme, vollkommen aufgelöste Mutter und gab mir vor Besorgnis gleich ein paar hinter die Ohren. Sie muß fürchterliche Angst um mich gehabt haben, was in diesen Zeiten mehr als verständlich war. Ich sollte ihr diese Sorgen erst einmal nicht nehmen. Denn nun gab es für mich kein Halten mehr!

Im folgenden Jahr verschärfte sich die Lage. Gute Swingscheiben aufzutreiben wurde problematischer. Das »Nicht-Arier-Verbot in Kunst und Musik« erfaßte nach und nach zahlreiche Musiker, Benny Goodman war ein prominentes Beispiel. Nachdem die Nazis in ihm den Juden entdeckt hatten und seine begnadeten Hände von einem Tag auf den anderen zu »Verbrecherhänden« mutierten, verschwanden seine Einspielungen aus dem Programm deutscher Firmen. Jetzt waren wir auf Importproduktionen angewiesen und auf die Platten, die die vielen Swingfans aus den Nachbarländern mitbrachten. Es konnte vorkommen, daß wir die schon kurze Zeit später bei einem Trödler auftrieben, wo sie in einem plötzlichen Anfall nationalistischen Bewußtseins oder schlechten Gewissens gelandet waren. Sonst brauchten wir schon ein wenig Geld, um an sie heranzukommen – und eben das hatten wir nicht. Das tat unserer Begeisterung keinen Abbruch, einige von uns konnten schon selber gut spielen.

Das Älterwerden ging in diesen Tagen schnell, oder besser gesagt: das Markieren des Älterwerdens. Ich war erst dreizehn, sah zwei, drei Jahre älter aus und wollte mich entsprechend fühlen. Mit einem Klassenkameraden, dessen Eltern gut betucht waren und der eine Menge Zigaretten »auf Tasche« hatte, schlenderte ich nach Schulschluß die Straße hinunter. Wir steckten uns eine ins Gesicht, schauten uns wichtig an und sagten: »Feines Kraut, feines Kraut!«

Zu der Zeit muß es gewesen sein, daß ein Dienstmädchen aus unserem Haus, sie war hübsch und ungefähr doppelt so alt wie ich, mich auf dem Flur abpaßte, zu sich in die Kammer zog und damit begann, mir anhand praktischer Beispiele ein paar wesentliche Dinge des Lebens zu erklären. Es war das letzte und das schönste Spiel, das ich in Kindertagen lernte. Wir spielten es jedoch nicht zu Ende.

Nach diesen Erlebnissen sah ich nicht mehr ein, meine Abende stets lauschenderweise vor den Türen der Lokale zu verbringen. Ein paar der Musiker, die dort ein- und ausgingen, kannte ich schon. Sie machten sich auf nette Art ein wenig lustig über mich. Jetzt setzte ich alles daran, es ihnen zu zeigen! Ich nahm meine Besuche bei den Verwandten wieder verstärkt auf und klapperte mir einen schönen Vorrat an Groschen zusammen. Dann schnappte ich mir ein paar Freunde aus der Clique und sagte: »Kommt, heut gehn wir ins *Dorett!*« Eine meiner Lieblingsbars in der Kantstraße. Ich konnte nicht ahnen, daß ich in nicht allzuferner Zeit selber dort spielen sollte.

An dem Tag kam ich in Begleitung der älteren Freunde tatsächlich hinein, wir besetzten einen Tisch direkt an der Tanzfläche. Im Sitzen fiel meine frühe Jugend nicht sofort auf! Zum ersten Mal nahm ich ein Vollbad in der Atmosphäre des Berliner Nachtlebens und genoß die vibrierende Luft, den Qualm, den Geruch der tanzenden Menschen. Es dauerte nicht lange, bis mich ein Mädchen zum Tanzen aufforderte. Zwei Köpfe größer als ich, bemerkte sie mein Zögern von schräg unten und hatte eine famose Idee: Die Tanzfläche war ein bißchen erhöht, so beschloß sie: »Gut, dann tanze ich eben unten und du oben!« Wunderbar, die Welt hatte sich für mich wieder einmal beträchtlich erweitert. Die Musik der Kapelle vor mir wirkte wie eine Droge, die mich berauschte – und daran hat sich bis heute nichts geändert.

Neben der Musikbegeisterung hatte ich eine zweite Passion, die nutzbringender zu werden begann. Ich schlug mich schon immer gerne, auch in jüngeren Jahren, als wir noch in Rudow wohnten. Wenn meine Mutter mich damals von der Schule abholte, fragte sie: »Wo ist denn der Schumann?« Der Hausmeister blickte sie verwundert an: »Wer bitte? Ach, der Schmeling! Na, der haut sich da drüben!«

Inzwischen war ich Mitglied im jüdischen Sportclub Bar Kochba, einem Verein des nationalen Verbandes »Makkabi in Deutschland«, und hatte mich in unterschiedlichen Sportarten ausprobiert. Im Schwimmen war ich nicht schlecht und gewann ein paar Wettkämpfe, auch Kurzstrecken lief ich ganz gut, hatte aber wenig Ausdauer. Dann fragte ich den Boxlehrer, ob ich am Sandsack probieren könnte. Den drosch ich dermaßen zusammen, technisch gar nicht schlecht, daß er erstaunt auflachte und meinte, ich sei ein Naturtalent! Von da an trainierte ich fleißig mit und konnte eine beträchtliche Anzahl von Siegen erringen. Noch heute erzählen mir meine aufgeschlagenen Augenbrauen die eine oder andere Geschichte.

Leider wurden die Wettkämpfe nur innerhalb des Vereins ausgetragen – ein jüdischer Junge durfte ja keinem arischen Sportler die Schnauze plätten –, aber draußen auf der Straße gab es durchaus Gelegenheiten, das Gelernte praktisch anzuwenden. Wenn ein HJ-Grüppchen vorbeikam und meinte, mich anpöbeln zu können, stellte ich mich, sofern deren Anzahl überschaubar war, mit dem Rücken gegen eine Wand und verdrosch sie so, daß sie ins Überlegen kamen. Vor allem nachdem die jüdischen Vereine im folgenden Jahr schließen mußten, gab ich jedem, der zu mir »Jude« sagte, sofort eins auf die Nase, schon alleine um in Form zu bleiben.

Das Jahr 1938 brachte entscheidende Veränderungen mit sich, auch wenn ich mit meinem sonnigen, jungen Gemüt den Ernst der Lage nicht erkennen konnte oder wollte. Daß mein Land mit der Einverleibung Österreichs zum »Großdeutschen Reich« wurde, nahm ich wahr, aber es interessierte mich nicht, und daß im Sommer die Münchner und Nürnberger Synagogen zerstört wurden, lag außerhalb meines eingeschränkten vierzehnjährigen Blickfeldes. Tagespolitik und Nachrichten bezog ich, sicher alterstypisch, nicht auf mein eigenes Leben. Ich arrangierte mich mit den Umständen, fühlte mich ganz als Berliner und vertraute darauf, daß sich die »Unstimmigkeiten«, die uns Juden betrafen, schon einrenken würden – und vor allem, daß der Tag käme, an dem ich, wenn ich wollte, der Hitlerjugend beitreten könnte, auch wenn ich dafür schon nicht mehr »tauglich« war. Ich nahm die politische Entwicklung auf die leichte Schulter. Daß einer meiner Cousins väterlicherseits zum Wehrdienst eingezogen wurde und mir vorher seine Wandergitarre überreichte, das hingegen war sensationell! Endlich hatte ich ein eigenes Instrument und konnte meine musikalischen Vorlieben mehr oder weniger unbeholfen umsetzen.

Dann mußte ich meine Schule in Halensee verlassen, um auf die Schule der jüdischen Reformgemeinde in der Joachimsthaler Straße zu wechseln. Dort lernte ich schon nicht mehr besonders gut und viel, da ständig die Lehrer wechselten; nacheinander verließen sie alle Deutschland. Ein Lehrer wurde dennoch für mich sehr wichtig: Dr. Ballin. Er unterrichtete Deutsch und brachte gelegentlich seine Gitarre zur Auflockerung des Unterrichts mit. Alle mochten ihn gerne. Als ich ihn fragte, ob er mir etwas auf seinem Instrument beibringen könne, willigte er ein. Er zeigte mir erste Akkorde und rhythmische Finessen. Bei ihm hörte ich erstmals Aufnahmen von Django Reinhardt, die in mir einen bleibenden Eindruck hinterließen.

Ich probte jeden Tag wie ein Besessener, Akkorde rauf und runter. Ich hatte von Anfang an einen bestimmten Rhythmus drauf – ohne davon zu wissen. Später sagte man mir, es sei eine Art Mischung gewesen aus der Melancholie Django Reinhardts und der rhythmischen Akkordspielweise Freddie Greenes, des treuen Begleiters von Count Basie. Damals hatte ich davon wenig Ahnung. Ich spielte aus dem Gefühl heraus, von Anfang an.

Und ich hatte außer dem Jazz die jüdische Musik meiner Kindheit in den Ohren. Zwischen denen bestand ein Zusammenhang. Jüdische Musik swingt aus sich heraus. Sehr viele große amerikanische Swingkomponisten kommen aus Familien jüdischer Emigranten, aus Rumänien, Ungarn und Rußland. George Gershwin, Cole Porter, Irving Berlin,

Harry James und Benny Goodman – wenn sie nicht schwarz waren, waren sie Juden und trugen ihre Tradition mit in diese Musik hinein.

Genaugenommen entstand Jazz aus der Konfrontation afrikanischer und europäischer, meist jüdischer Musikkultur in Amerika; die Mischung war nicht unproblematisch. Denn was ich 1938 nicht wissen konnte war, daß es erst seit einem Jahr gemischte Bands in Amerika gab, nachdem Benny Goodman den schwarzen Pianisten Teddy Wilson verpflichtet hatte und die Schranken nach dem legendären Konzert in der Carnegie-Hall im Januar 1938 endgültig gefallen waren – ganz im Gegensatz zur Entwicklung im »Großdeutschen Reich«.

Im Oktober jenes Jahres sah ich auf meinen Streifzügen durch die Charlottenburger Bars zum ersten Mal das Schild »Swing tanzen verboten«, freilich ohne daß mich dies besonders berührt hätte. Etwas anderes eignete sich eher, mir die Augen zu öffnen. Ich verdiente mir nachmittags nach der Schule bei einem jüdischen Klempnermeister namens Aron ein kleines Taschengeld hinzu. Herr Aron wohnte am Rosenthaler Platz. Da in dem Viertel kein arischer Handwerker mehr tätig sein durfte, bekamen einige jüdische Bewohner eine Sondererlaubnis, ihr Geschäft weiterzuführen. Ein günstiger Nebeneffekt des Jobs war, daß meine Mutter, die mein Wunsch, Musiker zu werden, entsetzte, sich beruhigte. Sie hoffte, daß ich doch noch auf dem goldenen Boden des Handwerks landen würde. Den Gitarrenunterricht hatte sie mir bereits verboten, so daß ich die letzten Stunden bei Dr. Ballin mit Geld bezahlte, das mir mein Vater heimlich zu diesem Zweck zusteckte. Bis auch Dr. Ballin eine Gelegenheit ergriff, das Land zu verlassen.

Am Abend des 9. November trat ich aus Herrn Arons Werkstatt auf die Straße hinaus. Ich kann nicht sagen warum, aber es herrschte eine eigenartig unruhige Stille. Plötzlich kam von weit her ein Feueralarm, kurze Zeit später noch einer, ein weiterer, schließlich brach um mich herum los, was sich von da an »Reichskristallnacht« nannte. Lastwagen fuhren durch die Straßen, mit Knüppeln bewaffnete Männer sprangen herunter, schlugen Schaufenster und Türen ein, stürmten Häuser und trieben die Bewohner hinaus auf die Straße. Ich sah, ohne zu begreifen, was da geschah, wie Menschen aus Fenstern gestoßen wurden oder in ihrer Angst selber sprangen. Die Auslagen der Geschäfte flogen auf den Bürgersteig, drinnen wurde alles zusammengeschlagen. Die Luft war erfüllt mit den Schreien der Mörder und ihrer Opfer, dem Lärm von Alarmglocken und Martinshörnern und zuletzt mit beißendem Qualm.

So schnell ich konnte, lief ich zum Friseursalon Onkel Arthurs in der Alten Schönhauser Straße. Hier war noch niemand am Werk. Ich erzählte ihm von dem, was da geschah. Ich weiß nicht wie, aber er schaffte es, alle Hebel in Bewegung zu setzen, um sein Geschäft und das Leben unserer Verwandten vor den Zerstörungen zu schützen; möglicherweise nutzten ihm seine Verbindungen zu den Söhnen des damaligen Polizeipräsidenten Hellmann.

Nach dieser Nacht und den Pogromen der darauffolgenden zwei Tage faßte Onkel Arthur den Entschluß, das Land zu verlassen. Seine Kontakte in die besseren Kreise der Gesellschaft halfen ihm dabei. Er besorgte sich von einem Freund in der bolivianischen Gesandtschaft die notwendigen Papiere, Zielort La Paz, und bepackte seinen gewaltigen Schrankkoffer mit den besten Stücken seiner Garderobe. Ich sehe es vor mir: Vornan hing ein weißer Smoking – bei diesem Anblick wünschte ich wenig mehr, als zu werden wie er. Daß es zum Teil gelingen sollte, konnte ich in jenen Tagen nur hoffen. Ein erstes Verdachtsmoment lieferte allein der Umstand, daß er mir sein Schlagzeug hinterließ – ein Becken, eine Charleston-Maschine und eine Trommel, mit einem roten Lämpchen hinter dem Fell!

Tage später trat eine Verordnung in Kraft, die jüdische Kinder vom allgemeinen Schulbesuch ausschloß. Bis im Dezember die jüdischen Gewerbe- und Handelsbetriebe enteignet wurden – auch der Salon meiner Mutter –, verbrachte ich noch einige Tage beim Klempnermeister Aron. Unsere Wohnung im Kronprinzendamm mit dem weiten Blick über die Bahngleise, auf denen täglich Hunderte von Güterwaggons verkehrten, mußten wir verlassen, da es sich nicht mehr gehörte, daß drei Juden in fünf Zimmern lebten. Wir zogen in eine kleine Hinterhof-Erdgeschoßwohnung in der Kurfürstenstraße.

So hart die Lebensverhältnisse inzwischen geworden waren, meine Eltern konnten sich nicht dazu entschließen, das Land zu verlassen. Zum einen hatten wir keine ausreichenden Mittel – das hätte sich vielleicht auf familiärem Wege lösen lassen –, zum anderen aber konnten wir das alles nicht glauben. Gerade durch den Umstand, daß die Familie mütterlicherseits dem orthodoxen Judentum fernstand und die väterliche Seite sich der deutschen Heimat verbunden fühlte, entstand die verhängnisvolle Annahme, daß sich alles von selbst wieder regelte und wir uns mit dem neuen Regime – das nicht ewig so weitermachen konnte – schon würden arrangieren können. Kurz vor Arthurs Emigration kamen heftige familiäre Diskussionen über dieses Thema in Gang. Er war der Abenteurer der Familie und hatte vielleicht durch seine Weltläufigkeit den realistischsten Blick von uns allen. Aber er konnte uns nicht überzeugen, es ihm gleichzutun.

Ich empfand die Situation als relativ harmlos. Ich war zu jung und zu naiv, um an Flucht oder ein persönliches Engagement gegen die Verhältnisse zu denken. Ich wollte mich im Alltag durchschlagen, nicht weiter auffallen. Allzugerne

»rettete« oder flüchtete ich mich in die täglich mehrstündigen Übungen an Gitarre und Schlagzeug, probte verschiedenste Stile und Tricks. Die Musik bestimmte mein Leben, der Rest war mir egal. Die Clique wußte nicht, daß ich Jude war, und ich erzählte es ihnen nicht. Ich hatte keinen Grund. Zwar kollidierten freiheitliche Ideale und die Unbekümmertheit der Berliner Swings mit der Jugenddienstpflicht im März 1939, aber es kam nicht zu den für die Hamburger Swings typischen Annäherungen an den Widerstand.

Die meisten Swingfans fühlten sich ohnehin als »richtige« Deutsche und waren Mitglieder im Jungvolk und der Hitlerjugend, geboren und aufgewachsen unter dem Vorzeichen der nationalsozialistischen Herrschaft, verwachsen mit ihr und Teil von ihr. Der »Widerstand« der Swings drückte sich höchstens in jugendlicher Renitenz aus: Wir bestanden auf unseren Vorlieben und Vergnügungen und empfanden eine tiefe Abneigung gegen militärische Hierarchien, Gleichschritt und die damit verbundene Musik. Weitblick war nicht vorhanden. So zogen die meisten aus den Zeichen der Zeit keine Konsequenz.

Als Teddy Stauffer im Frühjahr 1939 Deutschland endgültig verließ – in seiner Biographie schrieb er später, er und sein Sänger Billy Toffel hätten sich in der Nacht des 9. November 1938 dazu entschlossen – und die Propaganda den Swing wiederholt als mit allen Mitteln zu bekämpfende Seuche bezeichnete, tat dies dem Berliner Nachtleben und unserer Begeisterung keinen Abbruch. Mit jeder Verschärfung der Lage, der allgemeinen Arbeitsdienst-Verordnung, dem Einmarsch in die Tschechoslowakei, der Bezugsscheinpflicht für den lebenswichtigen Bedarf, schien sich sogar die Begeisterung für Swing und Jazz zu verstärken, als Kompensation, als Flucht in eine heile Welt.

Später las ich von eindeutigen Solidaritätsaktionen zwischen »Zazous«, Pariser Swingjugendlichen, und Juden im besetzten Frankreich: 1941 und 1942 liefen zahlreiche nichtjüdische Jugendliche mit einem selbstgebastelten Judenstern durch die Straßen, auf den das Wort »Swing« gestickt war. Solch ein Wille zur Opposition lebte in den Kreisen, in denen ich verkehrte, nicht.

Während am 1. September 1939 deutsche Soldaten polnischen Boden betraten und der Zweite Weltkrieg begann, saß unsere Clique am Ufer des Lietzensees und lauschte meinen Versuchen auf der Gitarre, bevor wir uns aufmachten zum Zug durch die Lokale am Kurfürstendamm. In der *Melody-Bar* hörte ich einen Geiger namens Helmut Zacharias. Er war neunzehn Jahre alt, trug verschossene Pepitahosen und hatte in der Swingmusik den Bogen raus. Er faszinierte mich mit seiner genialen Gabe, akademisches Können mit Improvisation zu verbinden. Er galt als eine Art Wunderkind: Im zarten Alter von vier Jahren hatte er begonnen, Geige zu spielen, mit sechs Jahren leitete er bereits das Orchester seines Vaters im Cabaret *Faun*, und nun kehrte er gerade von einer Europa-Tournee mit dem Berliner Kammerorchester zurück und hatte auf Anregung der Plattenfirma Odeon großen Erfolg als Jazz-Solist. In seinem Spiel ließ sich wiederfinden, was als Schlagwort über die Wunderwelt des *Delphi* gesetzt worden war: die »Süßigkeit des Vergessens«.

Das Regime war weiterhin auf die Befriedigung der Vergnügungsbedürfnisse der Bevölkerung dringend angewiesen. Das zeigte sich schon darin, daß das drei Tage nach Kriegsbeginn erhobene Verbot aller öffentlichen Tanzveranstaltungen drei Wochen später wieder aufgehoben wurde. Auf das Vortäuschen einer »Normalität« konnte nicht verzichtet werden. Die »Verordnung über außerordentliche Rundfunkmaßnahmen«, die das »absichtliche Abhören ausländischer Sender« untersagte, spielte für uns genausowenig eine Rolle wie das generelle Verbot englischer Musik nach der Kriegserklärung an Großbritannien.

Mit der Zeit waren wir in den Lokalen, in die uns die nächtlichen Streifzüge führten, keine Fremden mehr; wir kannten deren Mitarbeiter und Inhaber. Im Dezember jenes Jahres bat mich der Besitzer der *Hasenschaukel* in der Pestalozzistraße, Silvester bei ihm einen Pianisten auf dem Schlagzeug zu begleiten. Mein erster Job als Musiker! Zur großen Besorgnis meiner Eltern schnallte ich mir am Silvesterabend Onkel Arthurs »Hütte« auf den Buckel und stapfte durch die verdunkelten und verschneiten Straßen zu meinem »Arbeitsplatz«. Die Gage lag bei fünf Mark, die ich unverzüglich wieder in den Abend investierte. Denn nicht nur musikalisch bot mir der Abend eine unvergeßliche Premiere.

Schon während des ersten Sets hatten wir uns bedeutungsvolle Blicke zugeworfen. Sie war äußerst attraktiv und ich äußerst durchgedreht, so zog ich sie in der ersten Pause mit mir hinaus in die Nacht. Der Mond schien auf die weiße Pracht des Lietzenseeparks, auf den Bänken lag ein halber Meter Neuschnee. Zuletzt fanden wir uns, auf zwei bis drei Beinen balancierend, bei der Erkundung dessen, was mir das Dienstmädchen im Kronprinzendamm noch verschwiegen hatte.

Das Arbeitsamt hatte mich im Zuge der Arbeitsdienstverordnungen am Kragen gepackt und bei einem Klempnermeister in Charlottenburg dienstverpflichtet. Die Situation machte mich sehr unzufrieden, als Gehilfe für fünfzig Pfennige die Stunde gußeiserne Heizkörper in den vierten Stock eines Neubaus schleppen zu müssen oder eines der vielen ausgebombten Häuser mit neuen Wasserleitungen zu versorgen, während meine Freunde sich der Musik oder einem Studium widmen konnten.

Aber wenigstens konnte ich mir mit meinem kleinen Gehalt und ein paar Gagen von einem Mitglied einer Zigeunerband meine erste gute Gitarre kaufen, mit Steg und F-Löchern. Sie war selbstgebaut und, da es keine Verstärker gab, im Gegensatz zu mir so groß, daß es hieß: Da kommt der Coco mit seiner Großmutter!

Ab dem Frühjahr 1940 nahm ich jede Gelegenheit wahr, bei unterschiedlichen Kapellen für ein paar Stücke einzusteigen. Meist saß ich am Schlagzeug. Dann fragte mich der Leiter der im *Café am Steinplatz* engagierten Zigeunerkapelle, ob ich Gitarre spielen wolle. Allzuviele Akkorde konnte ich nicht greifen, aber swingen; auf jeden Fall sprach sich das herum.

So bekam ich auch mein erstes reguläres Engagement in der *Allotria-Bar* in der Leibnizstraße, bei einer anderen Zigeunerband. Der Bassist hieß Tassilo, die anderen Namen habe ich bis auf einen leider vergessen: Botho Lucas, der später jenen berühmten gleichnamigen Chor gründen sollte. Er war schon damals ein hervorragender Musiker, ein Akkordeon-Virtuose, und spielte die Gewaltnummern von Heinz Monsonius und Albert Vossen. Ich bewunderte ihn für sein Können und dafür, daß er es im Gegensatz zu mir tatsächlich gelernt hatte.

Aber wie das Leben spielt, ausgerechnet er zeigte mir, wie ich die Sache selber in die Hand nehmen konnte. Am ersten Tag fühlte ich mich etwas verloren in der originalen ungarischen Zigeunermusik. Als Lucas das bemerkte, stellte er sich mit seiner Quetsche neben mich und raunte mir beim Spielen Akkorde und Harmonien zu. Nach ein paar Nummern war ich sicherer, beherrschte sie und ergänzte sie durch eigene Stilistik. Ich akzeptierte nach und nach, daß ich vom reinen Hören und durch das Spielen vor Publikum lernen konnte. Das Gefühl, sich in kleinen Schritten Tag für Tag einem Beruf anzunähern, den ich mir schon lange als den meinen gewünscht hatte, war großartig. Nach jedem Abend fühlte ich mich mehr und mehr als neuer Mensch.

Die Tanzlokale und Nachtbars liefen nach wie vor auf Hochtouren, die Schere zwischen Tag- und Nachtleben klaffte so weit auseinander, daß ich selbst im nachhinein nicht recht verstehen kann, wie oder wo das zusammengehalten wurde. Ein Treffpunkt war die *Rosita-Bar*, in der ich eines Abends sogar mit George Trapps UFA-Tanzorchester spielen durfte; mein Freund Rudi Ernst am Schlagzeug, ich mit Gitarre. Der Schlagzeuger Willy Kettel stand vor mir, lachte nur und rief den anderen zu: »Nu hört euch den Kleenen hier an – nicht schlecht!« Solche Erlebnisse motivierten mich ungemein.

Wir trafen uns auch gerne im legendären *Groschenkeller* in der Kantstraße 126, den einst der Schriftsteller Franz Jung eröffnet hatte. Hier fand sich jeden Abend eine merkwürdige Mischung von Menschen ein. Hannelore Schroth, die Tochter von Käte Haack, Evelyn Künneke, Helmut Zacharias mit seiner Freundin und späteren Frau Hella, einer Tänzerin, die Sänger der Staatsoper, Bierfahrer und Bauarbeiter – die Szene der Swingbegeisterten gab alles her. Ein junger Mann namens Bully Buhlan saß am Klavier und sang. Wir machten uns eines Abends miteinander bekannt, und schon bald jammten wir zusammen. Der Erfolg, den wir damit hatten, war mir unbegreiflich, konnte ich doch nicht sonderlich viel; vor allem, da hier sonst Größen wie Serge Matul auftraten, den ich so bewunderte. Aber der *Groschenkeller* war eben meine Welt, ich hatte das Gefühl, einfach nur spielen zu müssen, wie es aus mir herauskam. Vielleicht waren es lediglich Kleinigkeiten im Rhythmus, versteckte Eigenarten. Jedenfalls verfehlten sie ihre Wirkung nicht.

Von jenem Abend an spielte ich dort oft als Gast auf der Bühne, auch wenn die Gage nur aus freien Getränken bestand, einem Eintopf, den wir »Drahtverhau« nannten, und einem netten Blick von einer der beiden Töchter des bärtigen Wirts. Die Abende waren aufregend; jedesmal kamen neue, bekannte Gäste. Zum Beispiel Norbert Schulze, der seinen Platz direkt vor der Bühne hatte und begeistert zuhörte. Schließlich wußte er nichts von meiner Abstammung, die er als Komponist von *Bomben auf Engeland* und *Lili Marleen* sicherlich nicht geschätzt hätte.

Eines Abends saß mir ein sehr gelehrt aussehender, feiner Herr gegenüber, schaute mir interessiert zu und sprach mich in der Pause an. »Sehr schön, was du da spielst. Willst du nicht zu mir kommen? Ich zeig dir was.« Ich war etwas erstaunt. »Wer sind Sie denn?« – »Oh, Verzeihung, Hans Korseck ist mein Name.« Hans Korseck – Volltreffer. Eine Begegnung mit dem lieben Gott! Ich kannte ihn nur von Aufnahmen, der beste Gitarrist, der mir bisher zu Ohren gekommen war. Er hatte in Amerika mit Benny Goodman Jam Sessions gespielt. Nun fragte er mich Steppke, ob – ich fiel beinahe vom Stuhl.

Regelmäßig ging ich zum Unterricht, in die Fasanenstraße 13. Er vermittelte mir erstmal eine ordentliche Grundlage, die zahlreichen Akkorde, die mir fehlten, und seine unverwechselbare amerikanische Rhythmustechnik, die sehr gut ergänzte, was ich bisher beim Spiel gefühlt hatte. Er stellte, genau wie Helmut Zacharias und Bully Buhlan, keine Fragen. Der eine oder andere ahnte, daß es da etwas zu verbergen gab, aber wie sagt der Berliner: »Das mußt du gar nicht ignorieren …«

Bully Buhlan engagierte mich in die *Rosendiele*, einem weiteren legendären Ort Berliner Jazzfans – der Bandleader Kurt Widmann begann hier seine Karriere –, und in *Arnd's Bier-Bar* am Olivaer Platz. Das alles war für mich ungeheuer erhebend. Zum einen hievte mich mein neuer Status als Musiker in das erweiterte Interesse der Damenwelt, zum anderen konnte ich mit unserer Lebensart nach Feierabend die Dienstverpflichtung als Rohrlegergehilfe etwas lockerer nehmen und ein wenig vernachlässigen. Die nötige Kondition

Hans Korseck

für die langen Tage und Nächte verschaffte ich mir anfänglich durch die Zugaben der Wirte und durch einen Freund aus dem *Groschenkeller*, Coco Petrovich, eine sehr elegante Erscheinung.

Als Sohn eines Diplomaten hatte er reichlich Lebensmittelmarken »auf Tasche«. Die Tage häuften sich, an denen ich mich krank schreiben ließ, statt in der Klempnerei aufzutauchen lieber mit ihm durch die Stadt bummelte und mir auf dem Kurfürstendamm bei *Mampe* den Magen vollschlug. Wir rauchten wie die Weltmeister und versuchten, modisch auf der Höhe unserer Zeit zu bleiben: Fassonschnitt wie Heesters oder die Haare lang zurück bis in den Kragen, ein langes zweireihiges Sakko, messerscharfe Bügelfalten (in jener Zeit nicht selbstverständlich) und der obligatorische Hut. Alles mußte stimmen in unserer kleinen unwirklichen Gegenwelt inmitten des Krieges.

Nichts, was mich hätte abhalten können, mein Leben mit Musik und in dieser aufgekratzten Stimmung zu verbringen. Im Gegenteil: Mit der gleichen Unbedarftheit, die mich einst in der Schule ersehnen ließ, die Jungvolk-Uniform anziehen zu dürfen, wuchs der Wunsch in mir heran, die Nazis würden mir erlauben, in die Reichsmusikkammer einzutreten, um endlich offiziell und anerkannt meinen erträumten Beruf ansteuern zu können ... Denn auch wenn sie Swing und Jazz verfolgten, sie sollten es bis zum Ende nicht schaffen, ihn auszurotten.

Natürlich patrouillierten längst Streifen; Bars und Tanzlokale wurden in Zusammenarbeit mit der Gestapo kontrolliert. Wenn wir swingten, stand ständig jemand am Eingang und hielt die Augen offen nach Personen, die verdächtig erschienen. War eine Streife im Anmarsch, ertönte ein Pfiff im Lokal, und die Kapelle wechselte von einem Takt auf den anderen das Programm. War eben der *Tiger rag* zu hören, summte jetzt die ganze Belegschaft *Rosamunde*, als die Streife das Lokal betrat. Ein scharfer Blick in die Runde, ein Lächeln des Wirts und ein kurzes Warten auf die Entwarnung, wenn der Spitzel hinter der nächsten Ecke verschwand – schon spielten wir wieder *You can't stop me from dreaming* ...

Eine Variante der Tarnung war, englische Texte einzudeutschen. Wir konnten zahlreiche englische und amerikanische Platten unter dem Ladentisch kaufen, heimkehrende Soldaten brachten aus den Nachbarländern Nachschub in die Stadt. Aber wesentlich einfacher war es, die Originalnummer zu modifizieren, selbst einzuspielen und mit harmlosen, deutschen Titeln zu tarnen wie *Sie will nicht Blumen und nicht Schokolade* für das *Joseph! Joseph!* der Andrew Sisters (das sich in vertrauten Kreisen als wunderbare Veralberung von Goebbels gebrauchen ließ), *Ist dein kleines Herz noch für mich frei, Baby?* für Armstrongs *I can't give you anything but love*. Fred Oldörp bastelte aus *Sweet Georgia Brown* seinen Hit *Hallo, kleines Fräulein* und Ella Fitzgeralds *A Tisket, a tasket* wurde zum Kinder-Gassenhauer *Laterne, Laterne*.

Selbst zahlreiche linientreue Nationalsozialisten wollten ihre Vorliebe für die Swingmusik nicht aufgeben. Auch hatten die Behörden verblüffend wenig Einblick und kamen den eingedeutschten Jazztiteln nicht auf die Spur. Wir hatten oft das Gefühl, wir könnten sie ohne Ende täuschen, und merkten nicht, daß sie das Spiel doch oft durchschauten, aber uns zu ihrem eigenen Vergnügen und mitunter aus praktischen Erwägungen gewähren ließen.

Eine besonders schillernde Figur auf dieser Bühne von Bedrohung und Leidenschaft, Politik und Musik war Wolfgang Mittler. Mittler war Mitarbeiter des Propagandaministeriums und eine undurchsichtige Erscheinung. Er produzierte Sendungen für den Deutschen Rundfunk in Übersee, zur Motivation deutscher Soldaten und zur Täuschung der Kriegsgegner. Jetzt war er wieder auf der Suche nach der »Szene«, um den Engländern zu beweisen, wie gut es uns ging und was für eine »Bombenstimmung« hier herrschte.

Als er vorm *Groschenkeller* vorfuhr, wußten wir gleich, was die Stunde geschlagen hatte. Mittler, bekannt wie ein bunter Hund, fuhr einen offenen MG mit außen angeschnürten Blumenkästen und einem aufgespannten Regenschirm. Alle Mädels, die er kannte – und er tat stets so, als seien das nicht wenige –, hatten sich mit Kußmund auf Scheiben und Motorhaube verewigt. Wie er den Affen spielte und zwischen den Linien tanzte, war schon beeindruckend.

Als er zu uns herunterkam, spielten gerade Ilja Glusgal, Helmut Zacharias und ich. Mittler rief, wir sollten »richtig einen losmachen«, er hätte einen Übertragungswagen draußen. Er baute ein Mikrofon auf, das zu einem Wagen führte, in dem die damals üblichen Wachsplatten die Musik aufzeichneten. Anfänglich wußten wir nicht recht, wie wir uns verhalten sollten; wir dachten, er brächte uns schnurstracks in die Strafvollzugsanstalt, doch schließlich drehten wir unheimlich auf. Was blieb uns anderes übrig? Ilja brachte eine furiose Cab-Calloway-Nummer, er konnte großartig »scatten«, also in rasendem Tempo eine Menge unverständlicher Wörter singen. Der Laden tobte, Mittler war zufrieden. Wir hatten ihn so in Fahrt gebracht, daß er anschließend selber ein paar Songs sang und mit der Bemerkung schloß: »Wenn das mein Propagandaminister hört, komm ich ins KZ!« Er wußte nicht, wie nah er dran war. Erst später fiel ihm auf, daß das Mikro angeschaltet und seine Moderation mit auf Platte geschnitten war! Er mußte ein gutes Verhältnis zu seinen Leuten haben, daß sie diese Passagen wieder löschten.

Die »Polizeiverordnung zum Schutz der Jugend«, die allen Jugendlichen unter 21 Jahren untersagte, nach Einbruch der Dunkelheit auf der Straße beziehungsweise nicht zu Hause zu sein, sollte weniger uns vor der Nacht als die Nacht vor uns schützen. Daß uns das nicht weiter störte, muß ich wohl kaum erwähnen. Aber diese Mischung aus Dreistigkeit und Naivität wurde brisanter. Ich hatte keine Chance mehr, mit der Einweisung in ein »Jugendschutzlager« oder nur mit einer der gerne an Swingjugendlichen vorgenommenen »sanitätspolitischen Maßnahmen« – dem Schnitt einer Tonsur – davonzukommen. Doch was sollte es? Um uns herum fielen die ersten Bomben, genug Gründe, nicht zu sicher zu sein, den nächsten Tag noch erleben zu können. Also wollten wir heute unser Vergnügen.

Nazideutschland besetzte Frankreich und stellte Auschwitz fertig, wir tummelten uns an den für Juden seit langem verbotenen Stränden des Wannsees oder auf dem C-Deck des

Coco Schumann, Rudi Ernst, Ilja Glusgal und Begleiterin
1940 im Wannseebad

Strandbades. Es war bekannt für den Duft der großen weiten Welt und ein Treffpunkt für alle, die »mampe« waren: »halb und halb« wie der berühmte Likör der Frau Mampe, also Halbjuden – eine typisch berlinerische Verballhornung des hebräischen »Mamser«, »Mischling«. Das C-Deck war einer dieser Freiräume, in denen ziemlich alle Verbote und Verordnungen umgangen werden konnten.

Über den berüchtigten »Zwickel-Erlaß«, der unter anderem den Verhüllungsgrad der Bademode regelte, konnten wir und zum Glück auch die Girls nur lachen, wir waren sehr freizügig. Da saßen wir drei Mampes, Rudi Ernst mit der Klarinette, Ilja Glusgal mit seiner temperamentvollen Stimme und ich mit meiner Großmuttergitarre, umgeben von holder Weiblichkeit, und swingten den *Flat foot floogee with the floy floy* in dem Gefühl, alles wird gut.

»Alles wird gut«, das war Hoffnung und Flucht. Diese Gefühlslage war auch außerhalb des Landes nur allzugut bekannt und wurde entsprechend bedient. Die englische BBC strahlte eine Propagandasendung aus, die zu hören inzwischen das Leben kosten konnte: »Germany calling, Germany calling …« Als Erkennungszeichen der Sendung diente der Anfang von Beethovens Fünfter Symphonie. Wer die Sendung hören wollte und einen sicheren Platz gefunden hatte, drehte so lange am Knopf des Rundfunkgerätes, bis er deren Takte vernahm.

Nicht viel später setzten wir die Fünfte auch untereinander als Erkennungszeichen ein: »Alles wird gut« galt als Synonym. Wenn sich zwei Swings trafen und ihrer Sache nicht ganz sicher waren, drehte einer vorsichtig an seinem Jackenknopf, als suche er einen Sender im Radio, und der andere antwortete: »Alles wird gut.« Es dauerte eine Weile, bis auch die Falschen das herausbekamen!

Daß eine berühmte Big Band wie die des Holländers Ernst van't Hoff diese Takte zu ihrer Erkennungsmelodie erkor, war eine wunderbare Frechheit und recht mutig. Die Band war großartig und der Renner bei uns, sie spielte einen richtig amerikanischen Sound. Ernst van't Hoff fragte mich eines Tages, ob ich bei ihm einspringen könnte, sein Gitarrist wäre für ein paar Tage in Holland. Bisher hatte ich solche Dinge mit Lässigkeit bewältigt, doch jetzt war ich so aufgeregt, daß ich die ganze Nacht davor nicht schlafen konnte. Zwar wurde nicht alles gut, aber zumindest der eine Abend.

Selbst vom Beginn der »Endlösung der Judenfrage« im August 1941 bekamen wir nicht viel mit, vielleicht wehte der Gegenwind ein wenig stärker. Viele der kursierenden Gerüchte wollten wir nicht wahrhaben; zu schrecklich waren sie und zu bunt unser Leben. Die Folterung und Ermordung des polnischen Ehemannes meiner Tante Hanni im KZ Sachsenhausen nahm ich entsetzt zur Kenntnis, wertete sie aber als tragischen und furchtbaren Einzelfall. Ich verschloß die

Augen vor der Ahnung, wie viele »Einzelfälle« es schon gegeben hatte und wie viele Millionen ihnen folgen sollten. Im September wurde das Tragen des Judensterns Pflicht. Im Gegensatz zu den »Halbjuden 1. Klasse« galt das auch für mich, denn nach meiner Bar-Mizwa war ich vollwertiges Mitglied der Jüdischen Gemeinde. Das kümmerte mich wenig: Statt am Revers trug ich den Stern lieber in der Tasche. Mit meinen blauen Augen und der Berliner Schnauze hatte ich keinerlei Ähnlichkeit mit dem damals entworfenen Bild eines typischen Juden. Geriet ich auf der Straße in eine Kontrolle, ging ich geradewegs darauf zu und fragte vor der Aufforderung an mich, meine Papiere zu zeigen, im tiefsten Berliner Dialekt: »Sagen Se mal, wo is denn hier die Soundso-Straße? Könn' Se mir det nich' verraten?« Nach der darauffolgenden, meist sehr freundlichen Auskunft kurvte ich elegant an den Herren vorbei und brachte mich in Sicherheit.

Unter Swingmusikern existierte keine »Judenfrage«. Auch wenn wir uns Gedanken machten und die ein oder andere Ahnung hatten, wurde nicht darüber gesprochen. Selbst in bekannten Bands spielten Juden, ob mit echten oder gefälschten Papieren. Hätten wir darüber geredet, hätten wir uns selbst in unmittelbare Gefahr begeben, wußten wir doch nie, wer neben uns stand. Das Sicherste für alle Beteiligten war, Stillschweigen zu bewahren und die chaotischen Verhältnisse so gut wie möglich zu nutzen. Auch die Verfolgungsbehörden konnten an geordnete Kontrollen und einen echten Überblick nicht mehr denken. Die Berliner Bevölkerung hatte schon viele Opfer zu beklagen, zudem hatte die Stadt innerhalb mehrerer Monate einen Zuwachs von mindestens einhunderttausend Menschen aus dem Umland, die auch unsere Szene, das Musik- und Nachtleben, bereicherten.

Wenn ich heute zurückblicke, denke ich, daß ich unglaubliches Glück hatte, mich so lange durchschlagen zu können, ohne mich verstecken zu müssen. Schließlich hatten die Deportationen längst begonnen. Seit 1933 waren insgesamt schon fast zehn Millionen Menschen in Konzentrationslager eingeliefert worden, wobei wir von dem Ausmaß dieser Vorgänge herzlich wenig wußten. Mein Versteck war die Öffentlichkeit. Ich spielte mit dem Funkorchester Werner Neumann für zahlreiche Platten und Sendungen des Berliner Rundfunks. Mein Name wurde genannt, aber ich konnte stets vermeiden, etwas Amtliches zu unterschreiben.

Das einzige größere Problem war nur, in die Höhle des Löwen zu gelangen. Einmal wollten Helmut Zacharias und Werner Müller, der nach dem Krieg das RIAS-Tanzorchester leiten sollte, mit mir für eine Plattenaufnahme proben – in der Kaserne Lankwitz, in der die beiden als Funker stationiert waren. Am Tor standen die »Kettenhunde«, Mitglieder der Leibstandarte Adolf Hitler, mit blinkenden Schilden und Ketten an ihren schwarzen Uniformen. Helmut und Werner mußten mich am Tor erwarten. Flankiert von den beiden Prominenten, schritt ich freundlich winkend an den Bestien vorbei. Kein einziges Mal verlangte jemand einen Ausweis von mir.

Seit dem Frühjahr 1942 war ich in der *Rosita-Bar* engagiert, beim Showorchester des Italieners Tullio Mobiglia, des schönsten Saxophonisten der Welt – wie er von sich selbst behauptete. Damit hatte er nicht direkt unrecht, er besaß eine ziemlich verwegene und höchst elegante Ausstrahlung. Er war Schüler des weltbesten Saxophonisten, Coleman Hawkins, gewesen und leitete sein Sextett auf ungewöhnliche Weise. Sämtliche amerikanischen Swingstandards mußten wir ohne Noten spielen, was die Fähigkeit zur Improvisation ungemein forderte und förderte.

Tullios Sextett galt in der Gunst des Publikums als die beste kleine Jazz-Formation, die damals im Reich Musik

»Der schönste Saxophonist der Welt«

um 1942

machte. Unter Italienern fühlte ich mich sicher; niemand fragte nach, wenn ich als Mailänder angekündigt wurde. Wir verstanden uns hervorragend, hatten viel zu tun und eine ganze Menge Verehrerinnen am Hals. Das war schon alles.

Tullio brach die Herzen sämtlicher Frauen, und auch ich fand einen Weg, daran teilzuhaben. Schließlich war ich siebzehn und wollte das Leben genießen, solange wie möglich. Auf der Bühne hatten wir ausreichend Möglichkeit, uns über das Publikum zu unterhalten, ohne daß die Nicht-Eingeweihten es bemerkten. Dabei hatten wir gegenüber anderen Bands, die nach Noten spielten, den Vorteil, den Saal ständig im Blick halten zu können.

Zur Verständigung auf der Bühne bedienten wir uns der klassischen Musikersprache, bei der der erste oder die ersten beiden Buchstaben eines jeden Wortes mit einem zusätzlichen E an das Wort angehängt wurden, »Uftede Enebie ade orneve« zum Beispiel. Oder aber wir kommunizierten mit unseren Instrumenten, um wen wir uns später bemühen wollten. Meist war mein Job, in der Pause den Damen den Hof zu machen und zu fragen: »Haben Sie später schon etwas vor? Herr Mobiglia würde Sie gerne treffen.« Nur wenige Zuschauerinnen erröteten nicht bei dieser Aufforderung und gaben kopfnickend ihre Zustimmung.

In dieser Zeit entstand der Name »Coco«, den ich lebenslang beibehalten sollte. Eine französische Freundin, die – wie sonst – das H nicht sprechen konnte, redete mich ständig mit »einz« an, was mich verständlicherweise bald auf die Palme brachte. »Na gut«, meinte sie, »dann 'eißt du ab jetzt Chérie Coco.« Na, danke schön! Anfangs war ich nicht gerade begeistert davon, denn als ich mich bei sprachkundigen Freunden schlau machte, erfuhr ich, daß mein neuer Name mehrere Bedeutungen hatte, von »Kokosnuß«, »Früchtchen«, »Liebling« bis hin zu »Bauch«. Die Dame erklärte mir, sie meine eigentlich das kleine Hähnchen, um nicht zu sagen: den Gockel, und es sei recht nett gemeint. Dann wurde ich so angesagt und bemerkte, daß es nicht schlecht klang – ohne das »Chérie«. Als die ersten Aufnahmen mit diesem Namen erschienen, war der Fall endgültig klar.

Durch das Engagement bei Mobiglia verdiente ich für damalige Verhältnisse fürchterlich viel Geld. Als Klempnergehilfe, der ich nach wie vor »nebenbei« war, bekam ich mit meinen fünfzig Pfennigen pro Stunde bei achtundvierzig Stunden in der Woche hundert Reichsmark im Monat, abzüglich Steuern und »Judensteuer«. Mein Meister rauchte Juno, dreie für einen Groschen, ich dagegen hatte die Taschen voller Nil vom Schwarzmarkt und einen Brillantring am Finger. Denn in der *Rosita-Bar* bekam ich achthundert Mark im Monat und für jeden Drehtag beim Film noch mal einhundert.

Mit Mobiglias Orchester wurden wir bis Anfang 1943 für verschiedene Filme der Tobis als Edelkomparsen engagiert, unter anderem für *Die Philharmoniker* unter der Regie von Paul Verhoeven, mit Kirsten Heiberg und Will Quadflieg. Dieser gab einen begabten jungen Geiger, der durch sein Spiel bei einer heißen Tanzkapelle erst, wie der Verleih warb, »sein geniales Ungestüm läutern muß, bevor er seiner Berufung folgen kann«. Die Bilder, die uns zeigten, wurden, soviel ich weiß, später wieder herausgeschnitten. Für solche Tage hatte ich jedenfalls ein gutes Arrangement mit einem Arzt, der mich nach Bedarf krank schrieb.

Ein kleines Problem stellte lediglich die Auszahlung dar, die nach jedem Drehtag bar vorgenommen wurde. Ich durfte meinen Namen ja nicht angeben, da ich auf der Steuerbehörde als Jude und Nichtmitglied der Reichsmusikkammer geführt wurde und die ganze Sache somit aufgeflogen wäre. Glücklicherweise fand ich im Telefonbuch einen zweiten Heinz Schumann, einen Chauffeur, den ich an meiner Statt angab. Ich vermute nicht, daß er in dem zunehmenden Durcheinander des Krieges unter meiner Täuschung und dem Finanzamt zu leiden hatte.

Ich konnte mit dem Geld nicht nur mein Leben ganz komfortabel gestalten, sondern auch meiner Familie helfen. Meine Eltern hatten den Umständen entsprechend Schwierigkeiten, denn Personen, die in »Mischehen« lebten, wurden nur noch eingeschränkt Lebensmittelmarken zugeteilt. Einiges konnte ich ihnen beschaffen, aber ohne die Unterstützung von Nachbarn und Freunden hätten sie echte Probleme bekommen, zumal 1942 mein Bruder Jürgen zur Welt kam.

Eine ehemalige Kundin meiner Mutter, die Frau eines Fleischers, hatte den Grund erfahren, warum meine Mutter ihren Salon hatte aufgeben müssen. Sofort kam sie zu uns nach Hause, um sich die Haare machen zu lassen, gegen Fleisch aus ihrer Metzgerei, für das meine Eltern keine Lebensmittelmarken mehr bekamen. Diese Frau und andere Mitmenschen sind bis heute der Grund dafür, daß ich »die Deutschen« nie kollektiv dafür beschuldige, was geschah.

Am 18. Februar 1943 verkündete Goebbels im *Sportpalast* den »totalen Krieg«; die Antwort der Alliierten folgte prompt. Sie begannen Berlin großflächiger mit Bomben einzudecken. Wir sahen Häuser durch die Wucht von Explosionen niederbrechen oder wie Strohfackeln lichterloh brennen. Mitunter schlug Nässe den Rauch zu Boden und klebte als zäher Matsch an den Schuhsohlen. Mühsam war dann das Laufen, mühsam und trostlos. Aber wir spielten weiter, ob in Bars oder Luftschutzkellern, auch wenn uns auf unserem »Zug durch die Gemeinde« in den Straßen ein grauer Strom gebückter Gestalten entgegenkam: meist Flüchtlinge aus dem Osten, die, mit all ihren Habseligkeiten beladen, manchmal aus dem Nichts zu kommen schienen und wieder im Nichts verschwanden. Auch wenn oft der Tag nicht mehr von der Nacht zu unterscheiden war, wenn direkt nach Bombenangriffen sich die Dunkelheit wie der Abend auf die Stadt senkte, schon tagsüber einzelne Ecken Berlins rauchfinster wurden, wir spielten weiter. Auch wenn zahlreiche unserer Freunde ums Leben kamen, interniert wurden oder als Soldaten fielen wie der erst einunddreißigjährige Hans Korseck, wir spielten weiter. Wir waren wie besessen. Für uns zählte nur der heutige Tag, ein Morgen war uns nicht gewiß.

So trieb ich sorglos und leichtfertig durch eine immer apokalyptischere Umgebung auf einen mir unbekannten, dunklen Abgrund zu. Meine Naivität ließ mich das Glück bis zur Neige auskosten. Die SS führte in der *Rosita-Bar* eine Razzia durch. Sie suchte nach Deserteuren, Untergetauchten und Minderjährigen und kontrollierte den ganzen Laden. Doch einer der SS-Männer stand vor mir am Podium und klatschte begeistert zu unserer Musik. Da ritt mich der Teufel, ich stellte mich vor ihm auf und pflaumte ihn an: »Eigentlich müßten Sie mich verhaften!« Er schaute ziemlich erstaunt. »Warum?« – »Na, ich bin Jude, Swing und minderjährig!« Er brach zusammen vor Lachen über diesen großartigen Witz, der ganze Laden grölte mit.

Meine Eltern, die längst aufgegeben hatten, mich zu einem vorsichtigeren Lebenswandel zu bewegen, hatten im Jahr zuvor versucht, mich durch eine christliche Taufe – bei Pfarrer Pohl in der evangelischen Gedächtniskirche – abzusichern, aber solche offensichtlichen Aktionen erkannten die Behörden zu diesem Zeitpunkt schon nicht mehr an.

Dann fiel für mich der Vorhang. Im März 1943 bestellte mich die Kriminalpolizei ein. Offiziell wurde ich beschuldigt, meinen Judenstern nicht getragen, verbotene Musik gespielt und arische Frauen verführt zu haben. Sehr viel später erfuhr ich den vermutlich wahren Hintergrund meiner Verhaftung. Die Szene, in der ich mich bewegte, war im großen und ganzen unpolitisch. Wer dennoch konspirativ tätig war, unternahm alles, es auch seinen besten Freunden zu verbergen. Jeder, der etwas tat, aber auch jeder, der etwas wußte, war in Gefahr und selber eine.

Im Jahr zuvor hatte ich Heinz Rothholz, einen Cousin von mir, und ein paar seiner Freunde in ihrem Treffpunkt, einem Keller, besucht. Ich spielte Gitarre, die Stimmung war gut, wir nahmen kein Blatt vor den Mund. Was ich nicht wußte: Die an jenen Abenden vorherrschende gemäßigt »kritische« Haltung war schon Tarnung. Denn einzelne waren als Mitglieder einer illegal arbeitenden Gruppe um Herbert Baum schon seit Jahren politisch aktiv. Zu ihnen gehörte auch mein Cousin. Kurz nachdem im Frühjahr 1942 im Lustgarten auf der Museumsinsel die Propagandaschau *Das Sowjetparadies* eröffnet wurde, ging ein Teil der Ausstellung in Flammen auf. Zwei Tage später wurden Heinz und andere unserer fröhlichen Runde – wie wir später erfuhren – unter dem Fallbeil hingerichtet. Ein Spitzel der Gestapo hatte sich in die Gruppe eingeschlichen und unter anderem meiner Gitarre gelauscht. Nie im Leben hätte ich an so etwas gedacht. Meine Unbedarftheit hingegen war wohl so offensichtlich, daß ich nur unter Beobachtung gestellt wurde.

Brav ging ich zur Sammelstelle Große Hamburger Straße, ins ehemalige Jüdische Krankenhaus, im Vertrauen, mich herausreden zu können. Aber sie behielten mich gleich da und teilten mir mit, daß ich dem Transport nach Auschwitz zugeteilt war.

Ich wußte nicht, was dort im Osten passierte, aber es mußte grauenhaft sein, dessen war ich mir sicher. Ich hatte aber auch von Lagern gehört, die relativ erträglich waren. Denn meine Großeltern waren bereits Wochen vorher nach

Theresienstadt deportiert worden und hatten schon eine – vorgedruckte – Grußkarte geschickt. Sofort nach der Verhaftung kam mein Vater schnurstracks in die Große Hamburger Straße geeilt und versuchte mir zu helfen. Er wurde bei Walter Dobberke vorstellig, wies sich als Arier aus und redete auf ihn ein – um mein Leben. Er sei im Krieg gewesen, hätte sich für sein Vaterland mit Gelbkreuzgas vergiften lassen und alles getan, seine deutschnationale Gesinnung auf mich einwirken zu lassen. Ob er mich nicht wenigstens zu meinen Großeltern nach Theresienstadt verlegen könne …

Es gelang ihm, den steinharten Dobberke zu erweichen. Ich stand schon in der Reihe für den Auschwitz-Transport und rückte an der Spitze der Schlange zum Registriertisch vor, als eine Stimme durch den Raum dröhnte: »Schumann, raustreten!« Mein Schutzengel hatte kräftig hingelangt.

Avant de mourir

Theresienstadt war eine nicht sonderlich große, fest umbaute Siedlung, eine frühere österreichisch-ungarische Garnison mit Namen Terezín, sie lag auf tschechischem Territorium beziehungsweise im damaligen Protektorat Böhmen und Mähren. Vierzig große Gebäudeblöcke mit mehrstöckigen, einst nach deutschen Städten und nun nur mit Buchstaben und Ziffern benannten Kasernenbauten umgaben einen zentralen Marktplatz und lagen symmetrisch am ungefähr eintausend mal fünfhundert Meter messenden Achsensystem der Straßen. Diese trugen übliche Namen wie Wallstraße, Lange Straße, Badhausgasse, Seestraße und Bahnhofstraße.

Dort kamen wir an: in einem Güterzug, jeder Waggon besetzt mit ungefähr vierzig oder fünfzig Personen mit jeweils bis zu fünfzehn Kilo Gepäck. Als ich auf den Bahnsteig hinaustrat, war ich überrascht, fast erleichtert, einen echten kleinen Ort vor mir zu sehen. Vielleicht lag diese Art Erleichterung auch nur darin begründet, dem Transport nach Auschwitz entgangen zu sein. Nun konnte kommen, was wollte, so schlimm würde es schon nicht werden.

Nachdem die Wachen, tschechische Polizisten und SS, uns das Gepäck und sämtliche Wertsachen in einem Gebäude, das »Schleuse« genannt wurde, abgenommen hatten und wir zur obligatorischen Entlausung durchs »Badhaus« geschleust worden waren, machte ich mich sofort auf, meine Großeltern zu suchen. Ich wußte aus den Zeiten, in denen ich durchs Scheunenviertel gestromert war, wo ich zu suchen hatte. Genauso war es: Schon bald fand ich ihn im Hof eines nahen Blockes, beim Rasieren. Er trug noch immer seinen stolzen Kaiserbart. Vor ihm stand eine Reihe dünner, bis auf die Knochen abgemagerter Menschen.

Für jene alten Krieger, jene Frontkämpfer und Ritterkreuzträger, die stolz und gut genug gewesen waren, für ihr Land zu kämpfen und vielleicht sogar zu sterben, aber jetzt nicht mehr in ihm leben durften, war die Situation im Lager unendlich grotesk. Jenseits der für alle stets präsenten nackten Lebensbedrohung stand ihr individuelles Unverständnis, völlig unverschuldet von der Hand, die sie geliebt und an die sie geglaubt hatten, gedemütigt, verstoßen, interniert, vielleicht bald schon ermordet zu werden. Eine gänzlich andere Situation als die meine mit den neunzehn munteren, sorglosen Jahren. So fiel die Begrüßung meiner Großeltern unter diesen Umständen seltsam aus. Wer konnte schon sagen: »Schön, daß du da bist …« Wir freuten uns natürlich, einander zu sehen, aber nicht über den Ort, an dem dieses Wiedersehen stattfand. Denn weit mehr als ein Wiedersehen war dieses Treffen ein letzter Abschied.

Anschließend besichtigte ich den Ort und traute meinen Augen kaum. Ein merkwürdiges Trugbild tat sich da auf. Nach Theresienstadt kamen hauptsächlich privilegierte Juden – oder was man unter diesen Umständen so nennen konnte: Künstler und Intellektuelle, Menschen aus prestigeträchtigen Berufen, bedeutende Personen der jüdischen Gemeinschaft, Sportler, Gelehrte, Kinder – und eben »Mampes« aus Deutschland und annektierten Ländern wie Holland, Österreich, Ungarn, Frankreich, der Tschechoslowakei und Dänemark – eine Menge »Statisten« jeder Art, die gebraucht wurden, um ein skurril-heiles Lagerleben zu inszenieren. Theresienstadt war eine einzige große Scheinwelt der internen und externen Propaganda und eine Absicherung gegenüber den kritischen Blicken des Auslands und des Internationalen Roten Kreuzes. Hinter der Kulisse aber regierte nur einer, der Tod.

In einigen großen Städten wurde durch Agenturen alleinstehenden älteren und wohlhabenden jüdischen Menschen für viel Geld das »Anrecht« auf einen Platz in diesem hübschen »Altersheim« verkauft. Welch ein Zynismus! War Theresienstadt für Leute wie mich eine vergleichsweise erträgliche Angelegenheit, bedeutete es für jene alten Menschen, die in der Hoffnung auf einen ruhigen, friedlichen Lebensabend unter ihresgleichen ihr Hab und Gut gegeben hatten und sich jetzt in stinkenden Kasematten wiederfanden, eine furchtbare Erniedrigung und Beleidigung. Die blanke Perfidie, so unfaßbar perfekt organisiert, daß unsereins und die meisten der Inhaftierten gar nicht in Betracht zogen, dieses Spiel nicht mitzuspielen.

Ich lief die Hauptstraße hinunter und begriff nicht, was ich sah. Schon auf den ersten Blick waren die Zustände in der Ortschaft unerträglich, denn der Platz für ehemals siebentausend tschechische Einwohner war mittlerweile unter bis zu neunundfünfzigtausend Inhaftierten aufgeteilt. Dennoch, die Kulisse war verwirrend. Ich entdeckte kleine Parks und sogar eine – allerdings geschlossene – Kirche.

Als ich mich, schon leicht irritiert, umdrehte und meinen Blick über den Marktplatz schweifen ließ, fielen mir fast die Augen aus dem Kopf. Da stand, mitten im Lager, ein Kaffeehaus, heraus klang eine vertraute Musik, eine Musik, die die meine war. Da war kein Halten mehr! Ich lief sofort hinüber und, da der Eintritt nur mit einem Billett gestattet war, um das Haus herum. Keine der Wachen war zu sehen. Als ich mir endlich durch einen Hintereingang Einlaß verschafft hatte, verstummte die Musik. Hinter der Bühne standen Otto Sattler und Kurt Maier, ein legendäres Duo aus den Bars von Prag. Sie rauchten Zigaretten, deren Wert in Theresienstadt ich noch nicht abschätzen konnte. Ich stellte mich als Gitarrist aus Berlin vor, und sie boten mir eine an. Wir kamen ins Gespräch.

Die Ghetto-Swingers unter Leitung von Martin Roman
Standfoto mit Coco Schumann (dr), Fricek Weiss (as), Fritz Goldschmidt (g), Nettl (acc), Ratner (v), J. Taussig (tb) u. a.
aus: Kurt Gerron, *Theresienstadt – ein Dokumentarfilm aus dem jüdischen Siedlungsgebiet*

Die beiden berühmten Kollegen erklärten mir die Komödie, die sie hier spielten, eine von der Lagerleitung befohlene, selbstorganisierte Unterhaltung der arbeitenden Bevölkerung von Theresienstadt. Jeder, der gesundheitlich noch dazu in der Lage war, wurde zu harter Arbeit verpflichtet und dafür in einer eigenen Währung bezahlt: in Ghetto-Kronen. Ferner konnten die Häftlinge streng rationierte Eintrittskarten für ihr Amüsement, für Theater, Oper oder eben einen einstündigen Aufenthalt im Kaffeehaus, bei Kabarett oder Musik, erwerben. Die gelegentlich servierte Tasse Kräutertee mußten die »Besucher« ebenfalls mit ihrem »verdienten« Geld bezahlen!

Sattler ging nach nebenan und holte eine Gitarre – daran herrschte kein Mangel. Zahlreiche inhaftierte Musiker hatten ihre geliebten Instrumente mit auf den Weg genommen. Meine eigene Gitarre stand in der *Rosita-Bar* und wartete darauf, daß mein Vater sie abholte, was er wirklich tat.

Ich zeigte Maier und Sattler, was ich drauf hatte, und spielte *Honeysuckle rose*. Wie viele der berühmten Kollegen vergaß ich die Umgebung und die Umstände augenblicklich, als ich mein Instrument erklingen ließ. Kaum in der Gefangenschaft angekommen, machte ich also, was ich immer gemacht hatte: Musik.

Als Musiker dauert es nicht lange, bis man an einem neuen Ort seinesgleichen kennenlernt. Das erwies sich im Lager als ein entscheidender und lebensrettender Vorteil, zumal viele Musiker als Köche arbeiteten. Gleich am nächsten Tag lernte ich einen von ihnen kennen: Franta Goldschmidt, der zugleich Gitarrist einer Lagerkapelle namens »Ghetto-Swingers« war. Er erzählte, daß die Band momentan nicht auftreten könne, weil Vicky Werfel, ihr »Bubenik«, wie Schlagzeuger auf tschechisch heißt, vor ein paar Tagen auf

Signet der Ghetto-Swingers

Transport nach Auschwitz geschickt worden war. Ich sagte ihm, ich könne Schlagzeug spielen. Minuten später hatte ich ein neues Engagement – als Bubenik eines der heißesten und hochkarätigsten Jazz-Ensembles des gesamten Deutschen Reichs!

Auf die Überraschung hin offerierte mir Goldschmidt erst einmal einen tschechischen Hefeknödel, der meinen nach den Tagen in der Großen Hamburger Straße entwöhnten Magen derart überforderte, daß ich drei Tage lang auf der Pritsche in der Hannover-Kaserne, korrekt »B IV«, liegenbleiben mußte.

Schnell lernte ich aus meiner von Anfang an privilegierten Warte die unterschiedlichen Lebensweisen und -möglichkeiten im Lager kennen. In der Scheinwelt Theresienstadts existierten Hunger und grenzenloses Elend, die Menschen waren ausgemergelt und starben. Mahlzeiten bestanden aus kärglichen Brotrationen, Kartoffelschalen- oder Hirsesuppen, Mehlklößen und gelegentlich etwas Gemüse. Fleisch war für die Häftlinge nicht vorgesehen. Viele Strenggläubige nahmen nur Brot und Kartoffeln zu sich, da die Lagerleitung nicht einsah, koscher kochen zu lassen. Ihre Devise lautete: »Die sind selber schuld!« Wer von zu Hause keine Pakete mit Lebensmitteln bekam, mußte lernen, die Systeme des Lagers zu nutzen, um sich über die Zeit zu retten.

Als Musiker, Freund der Köche und Nesthäkchen unter ihnen war das für mich relativ einfach. Franta Goldschmidt und die anderen stellten mich mit heimlichen Sonderrationen schnell wieder auf die Beine. Auch vom üblichen Arbeitseinsatz, der Feldarbeit, der Produktion von Kleidern und Kriegsmaterial im Lager, blieb ich – als unentbehrliches »Werkzeug« dieses Spiels – weitgehend verschont. So bastelte ich mir einen »Alltag« im Lager, verdrängte die Gedanken an ein anderes Leben und akzeptierte die Zustände dieser neuen Welt mit allen Höhen und Tiefen, mit Einblicken in die Hölle, aber auch mit Kabarett, Theater und Musik.

Täglich besuchte ich meine Großeltern, freilich ohne darüber nachzudenken, wie makaber dieses »Familienleben« war. Zwei Monate später bestiegen sie den Transport nach Auschwitz-Birkenau, um ein paar Tage darauf im Gas zu sterben.

Währenddessen standen wir Ghetto-Swingers auf der Bühne des Kaffeehauses und spielten »verbotene« amerikanische Hot-Musik von Count Basie bis Duke Ellington. Unsere Erkennungsmelodie war bezeichnenderweise Gershwins unvergleichliches *I got rhythm*.

Ihre Gründung verdankten die Ghetto-Swingers dem tschechischen Ingenieur und Amateurtrompeter Eric Vogel, der die Genehmigung für eine Lagercombo am 8. Januar 1943 bei der Abteilung »Freizeitgestaltung« der Jüdischen Selbstverwaltung beantragt hatte, nachdem einige der besten Musiker in Theresienstadt eintrafen – unter ihnen Mitglieder der Prager Jazzcombo Weiss. Der fünfundzwanzig Jahre alte Klarinettist »Fricek« Weiss übernahm die Leitung des neuen Ensembles. Solche Unternehmungen wurden nicht nur geduldet, sondern gefördert, erfüllten sie doch den angestrebten Propagandazweck.

Aber die Mitgliedschaft bei den Ghetto-Swingers war, umständehalber, von unterschiedlicher Dauer und bot trotz Vorteilen im Alltag keine Garantie fürs Überleben. In gelenkter Eigeninitiative bauten sich die Inhaftierten eine eigene Welt. Das Publikum hingegen war zwangsverpflichtet; die Lügen des Theresienstädter »Paradieses« waren genauestens durchorganisiert.

Am einfachsten brachte die SS-Kommandantur sicherlich Häftlinge wie uns, aktive Künstler aller Sparten, dazu, sich der allgemeinen Täuschung hinzugeben. Die Kunst, die Mu-

Fricek Weiss

sik, das Spiel dienten als sehr direkte, einfache und komfortable Flucht aus dem furchtbaren Lageralltag. Gebraucht wurde nur, was die Häftlinge sowieso mitbrachten: ihr Können und ihr Handwerkszeug. Ich war ein Paradebeispiel. Wenn ich spielte, vergaß ich, wo ich stand. Die Welt schien in Ordnung, das Leid der Menschen um mich herum verschwand – das Leben war schön. Nichts lag mir in jenen Momenten ferner als die Mauer, die uns umgab, als die abgemagerten Menschen, die Transporte ins Vernichtungslager Auschwitz-Birkenau. Wir waren eine »normale« Band mit »normalem« Publikum. Wir wußten alles und vergaßen alles im gleichen Moment, für ein paar Takte Musik. Wir spielten für und um unser Leben – wie alle in dieser »Stadt«, diesem grausamen, verlogenen Bühnenbild für Theateraufführungen, Kinderopern, Kabaretts, wissenschaftliche Vorträge, Sportveranstaltungen, für ein absurdes soziales Leben und ein skurril selbstverwaltetes Überleben in der Warteschlange vor den Öfen des Dritten Reichs.

Unter den vielen Neuzugängen im Lager tauchte im Januar 1944 auch Martin Roman auf, der aus dem niederländischen Durchgangslager Westerbork kam. In den ersten Tagen mußte der ehemalige Pianist der legendären Weintraubs Syncopators, der bereits Louis Armstrong, Coleman Hawkins, Lionel Hampton, Sydney Bechet und Django Reinhardt begleitet hatte, als Straßenfeger arbeiten, bis Eric Vogel und Paul Libensky, Koordinator der »Freizeitgestaltung«, ihn erkannten und beantragten, ihm die Leitung der Ghetto-Swingers zu übertragen.

Innerhalb kürzester Zeit organisierte Roman unsere Kapelle nach dem Muster einer amerikanischen Big Band mit wechselnder Besetzung um. Bekannt geworden ist die Besetzung mit drei Violinen, drei Saxophonen, vier Trompeten und Gitarre, Akkordeon, Bass und meinem Schlagzeug. Roman selbst begleitete seine Kompositionen und Arrangements am Piano und fügte der Band als besondere Attraktion zeitweise ein Sängerinnen-Trio im Stil der Andrew-Sisters hinzu sowie den Tenor Fredy Haber. In dieser Zusammensetzung spielten wir das vielleicht bekannteste – und sicher zeitgemäßeste – Arrangement Romans, *Avant de mourir (Vorm Sterben)*, einen Tango von Georges Boulanger.

Durch meine neuen Freunde kam ich zu einem weiteren seltenen Privileg. Zuerst hatte ich in einem riesigen Saal der Hannover-Kaserne gelebt, der wegen der dreistöckigen Bettkonstruktionen mit Menschen überfüllt war. Die wenige Habe, die ich besaß, mußte ich unter der Matratze verstekken. Das Stück Brot und das kleine Tütchen Zucker, die Ration für drei Tage, vor dem Zugriff anderer zu retten war oft unmöglich. Selbst nachts fand ich keine Ruhe, denn irgend jemand im Saal war immer wach, redete oder schrie im Schlaf.

Eines Tages hielt Walter Jockel, er war Fleischer und ein Fan von mir, in der Küche für mich eine Überraschung parat, eine große Sonderration Fleisch, und den Verwendungszweck gleich dazu: Ich konnte mir damit in einer der anderen Kasernen beim Hausmeister ein sogenanntes Kumbal erkaufen, eine kleine Kammer auf dem Dachboden! Der »Vorbesitzer« war nach Auschwitz-Birkenau deportiert worden. Ich kam, wieder einmal mit Hilfe der Musik, in den Vorzug, alleine sein zu können. Endlich allein, in einer winzigen, wenn auch verwanzten Kammer, in der ich nächtelang wachlag und versuchte zu verstehen, was mit uns geschah. Aber ich wußte nur eines, ich wollte leben, und das hieß hier in Theresienstadt, sich mit dem System zu arrangieren. Darin bestand die einzige Möglichkeit, und das war der Weg der meisten Lagerinsassen: sich zwingen zu lassen zu uneingestandenem falschen Handeln, das, hinterfragt, unerträglich geworden wäre; sich durchzuschlagen; nicht aufzufallen; alle Gelegenheiten zu nutzen, von einem Tag zum nächsten zu kommen; zu vergessen, daß es den morgigen Tag vielleicht schon nicht mehr geben würde; die Angst und den Streß zu verdrängen, wegzuspielen und fortzulachen in trügerischen, kurzen Situationen eines »normalen« Lebens. Ich wußte, daß das nicht real war, doch hatte ich nicht das Gefühl, etwas falsch zu machen. Wie kann man behaupten, es wäre falsch, überleben zu wollen?

Dieses Verhalten später wieder zu hinterfragen, ist nach den Bildern und Erlebnissen des Grauens Vermächtnis jener Tage. Mit den Gedanken bleibt man allein, solange man lebt. So bevorzugt vom Glück und vom Schicksal wie alle, die überlebten. So geschlagen vom Schicksal wie alle, die es erlitten.

Im Dezember 1943 begann die »Stadtverschönerung« Theresienstadts. Arbeitstrupps legten Spielplätze an, die Häuser an den Hauptstraßen wurden renoviert, Rosenrabatten angepflanzt und die »Läden« mit Schaufensterauslagen versehen. Das offizielle Programm wurde erweitert, eine Kultur begann zu blühen, die im Reich seit vielen Jahren verboten war. Das Internationale Rote Kreuz hatte angekündigt, Theresienstadt besichtigen zu wollen. Die Nationalsozialisten konnten diese Forderung nicht ausschlagen. Sie wollten es auch nicht – im Gegenteil: Endlich erfüllte sich der Plan, der hinter dem Bau des Vorzeigelagers stand.

Die Propagandastrategen und die Verwaltung bereiteten alles peinlich und grausam genau vor. Als erstes sorgten sie mit der Deportation von etwa siebentausend alten und kranken Insassen nach Auschwitz-Birkenau für eine gewisse »Jugendlichkeit« im Lager. Anschließend wurde das »verschönerte« Bild der Stadt durch groteske Einrichtungen wie eine Bank für die lächerliche Ghettowährung vervollkommnet. Die Straßen und die einfachen Wege wurden mit Seifenwasser gereinigt, die Fenster zur Straße bekamen bunte Vorhänge, das dritte Stockwerk der Betten wurden abgebaut. Platz genug hatten sie ja geschaffen.

Theater- und Kabarettgruppen mußten ausgesuchte Szenen verschiedener Stücke proben, ein Chor aus fast einhundert Sängern bereitete Verdis *Requiem* vor, und auch wir hatten in einem eigens für uns und für Karel Ancerls Violinorchester gebauten hölzernen Pavillon im »Stadtpark« ein besonderes Programm einzustudieren, vom *Bugle call rag*

über *Bei mir bist du schoen* bis zu einem Jazz-Arrangement aus Hoffmeisters und Krásas in Prag entstandener und durch Theresienstadt später weltbekannt gewordener Kinderoper *Brundibár*.

Theresienstadt wurde vollends zu einem Potemkinschen Dorf: Die Täuschung der Komitees des Internationalen Roten Kreuzes gelang unfaßbarerweise perfekt. Das Lagerleben verschwand unter einem großen, nach Rosen duftenden Leichenmantel. Keine Spur mehr von Leid und Elend. In welches »Lokal« oder Theater die Besucher kamen, überall probten und spielten Schauspieler fleißig ihre Stücke vor begeistertem, wohlversorgtem Publikum. Kaum waren sie verschwunden, wurde die Szene unterbrochen und der »normale« Zustand wieder hergestellt. Wir alle hatten gehofft, daß der Delegation des Roten Kreuzes dieses Vexierbild auffallen würde, sie durch Einzelbefragung der Häftlinge das wahre Ausmaß des Grauens kennenlernen würde. Aber weit gefehlt. Vielleicht wollten sie so genau gar nicht Bescheid wissen?

Diese makabre Inszenierung war die Generalprobe für den Film, der unter dem Titel *Der Führer schenkt den Juden eine Stadt* in die Geschichte einging. Ich habe nie fassen können, daß die Nazis selber ihm diesen Titel gaben. Und wirklich: 1989 konnte der holländische Wissenschaftler Karel Magry nachweisen, daß der im Grunde nicht minder zynische Originaltitel des Filmes tatsächlich ein anderer war: *Theresienstadt – ein Dokumentarfilm aus dem jüdischen Siedlungsgebiet*. Ich vermute, der bisherige Titel war das Ergebnis eines typisch jüdischen Flachses. Auf eine gewisse Art bezeichnend für die Aufarbeitung des Geschehens in diesem Land ist schon, daß er so lange unhinterfragt als gültiger Titel überliefert wurde. Dabei finden sich zahlreiche ähnliche

Die Ghetto-Swingers unter Leitung von Martin Roman
Standfoto mit Coco Schumann (dr), Fricek Weiss (as), Fritz Goldschmidt (g), Nettl (acc), Ratner (v), J. Taussig (tb) u. a.
aus: Kurt Gerron, *Theresienstadt – ein Dokumentarfilm aus dem jüdischen Siedlungsgebiet*

Zeugnisse des speziellen schwarzen jüdischen Humors in den Kabarettprogrammen des Lagers, etwa in den bitteren Chansons und Kabarettliedern von Manfred Greifenhagen und Leo Strauss: »Theresienstadt, Theresienstadt / ist das modernste Ghetto, das die Welt heut' hat!« Sie stehen für die Zerreißprobe, der alle im Lager ausgesetzt waren.

Anfang 1944, kurz nach der Ankunft von Martin Roman, war der Schauspieler, einstige Komiker und Operettensänger Kurt Gerron aus Westerbork nach Theresienstadt verbracht worden. Echte Berühmtheit erlangte er 1928 als Tiger Brown in der Uraufführung von Brechts und Weills *Dreigroschenoper*. 1930 stand er mit der Rolle des Zauberkünstlers Kiepert im *Blauen Engel* neben Jannings und der Dietrich auf dem Höhepunkt seiner Karriere. Auch spielte er mit Theo Lingen, Heinz Rühmann, Hans Albers und Hans Moser in Filmen wie *Die drei von der Tankstelle* und *Varieté*. Seine Prominenz sollte eine entscheidende und makabre Wendung erfahren. Als Regisseur und Experte für Showvorträge beauftragte man ihn, verbunden mit dem Versprechen, dafür sein Leben behalten zu können, ein schon seit 1943 existierendes Drehbuch über das erholsame Dasein der Juden in Theresienstadt umzusetzen – während »die deutschen Soldaten ihr Leben im Kampf an der Front für sie aufs Spiel setzten«.

Der Film bot alles auf, was der grausame Zynismus der Nazis zu bieten hatte. Das war nicht wenig: Massenszenen von bis zu siebzehntausend lächelnden Statisten, eine ganze Stadt als geschönte Kulisse, ein Lager als Freizeitpark.

Allen aktiv Beteiligten war für ihre Mitwirkung die Freiheit versprochen worden. Die sonnigen Bilder zeigten das hoffnungsvolle Lächeln der Mädchen, die mit einem Lied auf den Lippen zur Feldarbeit spazierten, ihre Familien, die in den Läden einige Besorgungen machten, Bankgeschäfte tätigten, den Kindern auf dem Spielplatz zuschauten oder dem Fußballturnier beiwohnten. Lagerkommandant Rahm befand sich in heiterem Gespräch mit den Kindern, die über das Essen zu maulen hatten: »Onkel Rahm, warum denn schon wieder Ölsardinen?«

Im Pavillon saßen wir Ghetto-Swingers und heizten dem jubelnden Publikum ordentlich ein. Wir sollten Smokings tragen. Einige, darunter auch ich, hatten bereits einen ausgehändigt bekommen. Die Abendgarderobe reichte aber nicht aus, so bekamen wir alle zumindest nagelneue weiße Hemden mit Judenstern. Das optische Problem unserer schlechten Schuhe löste man trickreich mit Blumenkästen und Blenden, die unser Signet zeigten, wie für eine namhafte Kapelle angemessen. Ausgesuchte junge Männer mit nackten Oberkörpern schwangen zu Musik von Offenbach im Takt die Hämmer und »bauten sich ihr Leben auf«, adrett gekleidete Mütter lasen ihren Kindern aus Büchern der – wahrhaft umfangreichen – Lagerbibliothek vor. Kurt Gerron selbst trat vor die Kamera: Vor zweitausend Zuschauern rezitierte er den *Macky-Messer-Song* auf einer Freilichtbühne des Lagers.

Sonderrationen und Lebensmittelpakete waren den Beteiligten gewiß und willkommen, obwohl alle wußten, woher sie stammten: Den Lagerinsassen von Theresienstadt war ein eingeschränkter Postverkehr mit Angehörigen daheim gestattet gewesen. Der durfte nur in Ausnahmefällen fünfundzwanzig Worte übersteigen und nichts Negatives berichten; zumeist beschränkte er sich auf die vorgedruckte Nachricht: »Ich bestätige dankend den Empfang Ihres (Deines) Paketes vom …«, was die Bitte beinhaltete, das nächste Paket abzusenden. Daß viele Familien unverzüglich reagierten, war der Lagerverwaltung nur recht, da sie diesen Umstand zu nutzen wußte. Selektierte Häftlinge mußten vor

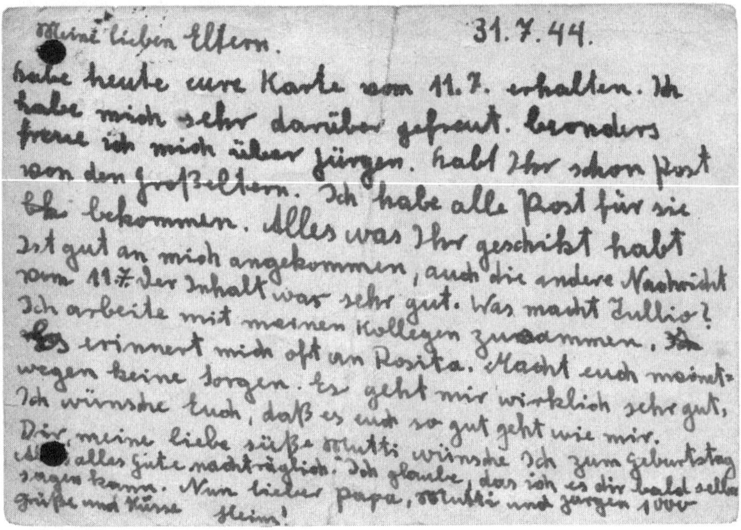
Meine lieben Eltern. 31.7.44.
Habe heute eure Karte vom 11.7. erhalten. Ich
habe mich sehr darüber gefreut. besonders
freue ich mich über Jürgen. Habt Ihr schon Post
von den Großeltern. Ich habe alle Post für sie
bekommen. Alles was Ihr geschickt habt
ist gut an mich angekommen, auch die andere Nachricht
vom 11.7. Der Inhalt war sehr gut. Was macht Jullio?
Ich arbeite mit meinen Kollegen zusammen.
Es erinnert mich oft an Rosita. Macht euch meinet-
wegen keine Sorgen. Es geht mir wirklich sehr gut,
Ich wünsche Euch, daß es euch so gut geht wie mir.
Dir, meine liebe süße Mutti wünsche Ich zum Geburtstag
alles Gute nachträglich. Ich glaube, das ich es dir bald selbst
sagen kann. Nun lieber Papa, Mutti und Jürgen 1000
Grüße und Küsse Heinz!

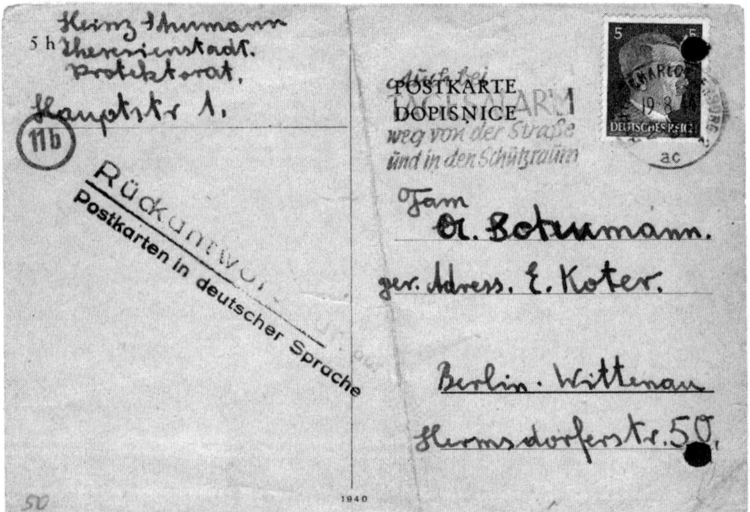
Heinz Shumann
5 h Theresienstadt.
Protektorat.
Hauptstr 1.
11b
Rückantwort
Postkarten in deutscher Sprache
POSTKARTE
DOPISNICE
Auch bei TAGESALARM
weg von der Straße
und in den Schutzraum
5 DEUTSCHES REICH 5
19.8.44
ac
Fam
A. Botumann.
ger. Adress. E. Koter.
Berlin-Wittenau
Hermsdorferstr. 50.
1940
50

ihrem Abtransport in die Vernichtungslager vordatierte Postkarten nach Hause schreiben und um weitere Pakete bitten. Wenn diese eintrafen, waren die Empfänger längst nicht mehr am Leben.

Am Abend des 30. August 1944 spielte Hans Werner Kleve mit seiner Band wieder einmal im Berliner *Café Leon* am Lehniner Platz »unsere« Musik. Zugleich fielen die letzten Klappen des »Werbefilms« für Theresienstadt, der allerdings als Kinofassung nicht mehr fertiggestellt werden konnte. Nach den erzwungen munteren, mit Musik gefüllten Tagen wehte ein anderer, wahrhaftiger Wind. Die Konzerte wurden deutlich reduziert, die »Verschönerungen« des Lagers begannen sich in Staub aufzulösen. Das Vorzeigelager Theresienstadt hatte seine Pflicht für das Internationale Rote Kreuz und den Film erfüllt. Auch im Kriegsverlauf, von dem wir nicht viel mitbekamen, schienen unerwartete Veränderungen im Gange zu sein, die radikale Entscheidungen förderten. Die Stimmung der Lagerverwaltung war angespannt und gereizt. Wir spürten die wachsende Nervosität der SS, manchmal schnappten wir Gesprächsfetzen auf, die Gerüchteküche brodelte. Wir alle hatten das Versprechen der Freiheit in den Ohren. Aber auch die Befreiung durch den »Feind« wäre uns recht gewesen; inzwischen wußte hier jedes Kind, daß Hoffnung Leben rettet, genau wie Verzweiflung töten kann. Unsere Hoffnung und Illusion war so konkret, daß wir Pläne für unsere Nachkriegskarriere schmiedeten.

Am 23. September, nach dem Abendgottesdienst zu Jom Kippur, dem höchsten jüdischen Fest, gab der Judenälteste Dr. Eppstein im Auftrag der Kommandantur den Beginn erneuter »Arbeitseinsatztransporte nach Osten« bekannt. Wir erhielten unseren Lohn: die Deportation nach Auschwitz-Birkenau. Bis zum letzten Tag hatten wir uns an den Strohhalm geklammert, zu glauben, was die Organisatoren und Wachmannschaften uns versprochen hatten. Wir wurden eines Besseren belehrt. Es traten gut dreißigtausend Menschen, darunter mehr als siebentausend Kinder, in den nächsten Wochen ihren letzten Weg an.

Die Transporte begannen am 28. September. Wir versammelten uns einen Tag zuvor vor den ausgehängten Listen und suchten unsere Namen, mit einem unbeschreiblichen Gefühl in der Magengegend. Die Liste dieses ersten Tages führte genau zweitausendvierhundertneunundneunzig Namen auf, und entsprechend war das Chaos. Kurt Gerron war einer der ersten, der sich auf der Liste wiederfand. Noch vor Beendigung der Dreharbeiten war ihm die Regie entzogen worden. Jemand erzählte mir später, daß er vor dem Lagerkommandanten auf die Knie fiel und bettelte: »Ich habe doch Ihren Film gemacht!« Es nutzte nichts. Als der Film im Winter 1944/45 in Prag geschnitten wurde, war Gerron bereits zusammen mit seiner Frau in Auschwitz-Birkenau ermordet worden. Weder Prominenz noch Verdienste konnten mehr helfen. Von jetzt an waren wir alle gleich. Auch bisher unverzichtbare Positionen im Lageralltag konnten niemanden mehr retten. Der ganze Apparat wurde drastisch verkleinert.

Auch Fricek Weiss und ich fanden unsere Namen auf dieser Liste. Am Tag danach bestiegen wir zur gleichen Zeit, zusammen mit zweitausendfünfhundert anderen, den ersten Zug der »Arbeitseinsatztransporte«. Als der berühmte Komponist Translateur den Waggon besteigen mußte, pfiffen die Bewacher fröhlich, ohne zu wissen, wen sie vor sich hatten, seine vielleicht bekannteste Melodie: den überaus beliebten *Sportpalast-Walzer*.

Auf dem Boden des Güterwaggons lag eine dünne, alte Lage Stroh, darauf, neben- und übereinandergepfercht, saßen wir. Der Gestank war bestialisch. Wir hatten noch Glück, da wir schon ein paar Stunden nach dem Verladen losfuhren und der Zug nicht – wie es auch öfter vorkam – ein, zwei Tage im »Bahnhof« von Theresienstadt wartete. Dennoch starben schon am ersten Tag neben mir Menschen, an Hunger, Krankheit und Verzweiflung – ein stilles, von allen anderen meist unbemerktes Sterben. Wir alle dämmerten vor uns hin. Nur um die Lage der schmerzenden Gliedmaßen zu verändern, bewegten wir uns, oder – anfänglich – beim beschwerlichen Weg über die Körper hinweg zum schnell überlaufenden Eimer in der Ecke. Dabei trat ich aus Versehen einem alten Mann in die Seite. Er rührte sich nicht mehr. Er war nicht mehr am Leben. Wie lange schon, Minuten, Stunden, konnte niemand sagen. Der Lärm des Zuges war so betäubend, daß wir auf die Geräusche des Lebens oder Sterbens nicht achten konnten.

Am Nachmittag gelang mir, mich in die Nähe des einen Spaltbreit offenstehenden Waggontores vorzuschieben – ein Platz, der der frischen Luft wegen sehr begehrt war –, als der Zug wieder einmal langsamer fuhr. Ich schaute hinaus, versuchte, etwas zu erkennen, und traute plötzlich meinen Augen nicht. Die Gegend, durch die wir fuhren, kam mir bekannt vor. Der Güterzug war nicht direkt nach Osten gefahren, sondern hatte einen ziemlich großen Umweg gemacht. An meinen Augen wischten die Außenbezirke meiner Heimatstadt vorbei, Schlachtensee, der Grunewald – das da draußen, das war Berlin!

Ich faßte mir ein Herz, stand auf, kletterte hinüber zu dem SS-Mann, der dicht neben dem Spalt des Tores stand, und berlinerte drauflos: »Icke müßt' mal austreten, könnt' icke hier wohl mal rauspinkeln?« Er ließ mich gewähren und näher an die Öffnung herantreten. Der Zug bremste weiter ab, um Berlin herum waren die Bahntrassen stark zerbombt. Ganz langsam fuhr er in Halensee ein, meinem alten Viertel, als wolle er mich zu Hause abliefern.

Damals waren Tausende von Güterwaggons an unseren Fenstern vorbeigescheppert, ohne daß ich einen Gedanken darauf verwendet hatte, was sie transportierten. Nun rollte ich vorbei. Die Perspektive hatte sich gründlich geändert. Als ich das Haus im Kronprinzendamm und die Fenster unserer ehemaligen Wohnung erblickte, wurde mir ganz anders. Ich sah meine Familie vor mir, Szenen meiner Kindheit zogen vorbei. Für kurze Zeit war der Transport in eine mehr als ungewisse Zukunft eine Reise in die Vergangenheit. Hatte ich in Theresienstadt meine Jugend verloren, so wurde ich in diesem Moment erwachsen. Ich fühlte, daß etwas vorbei war. Was kommen würde, was unser Zielbahnhof für die meisten von uns bedeuten sollte, wußte ich nicht. Aber ich begann zu begreifen.

Der erste Stopp war Oranienburg. Dort verbrachten wir zwei Tage im nahen Lager Sachsenhausen, dann ruckelten wir weiter Richtung Südost, bis zu unserem endgültigen Halt. Im Morgengrauen des 3. Oktober stoppte der Zug, Tore wurden geöffnet, laute Stimmen brüllten Befehle. Zuletzt flog unser Tor auf, wir schnappten nach frischer Luft, kletterten über die leblosen Körper zwischen uns aus dem Waggon – und standen auf der Rampe von Auschwitz-Birkenau.

La Paloma

Der Zug der Menschen bewegte sich langsam an den Waggons entlang vorwärts, ich schaute mich um. Ein beißender Geruch hing schwer in der Luft. Etwas entfernt standen hohe Schornsteine über Anlagen, die offensichtlich heiß befeuert wurden, denn Stichflammen schlugen aus ihnen heraus. Während ich im Moment der Ankunft im größten Vernichtungslager des nationalsozialistischen Deutschland überlegte, was in diesen Fabriken hergestellt würde, passierten Fricek und ich einen Trupp von Gefangenen in Häftlingskleidung, die uns den spärlichen Besitz abnahmen, den wir bei uns trugen. Schließlich kamen wir, splitternackt, am vorderen Ende der Rampe an.

Ich stand vor dem Standortarzt, einem Mann, dessen Namen ich erst später erfuhr: Josef Mengele. Er fragte mich, wie alt ich sei. Und als ob es mir jemand eingeflüstert hätte, wußte ich plötzlich, wie ich zu antworten hatte. Ich nahm Haltung an, legte die Hände an die nicht vorhandene Hosennaht und sagte: »Zwanzig Jahre!« Er schaute mich kalt an und fragte weiter: »Beruf?« Nun guckte auch ich ihm direkt in die Augen: »Klempner und Rohrleger, Herr Hauptsturmführer!« Er wies mich nach rechts, auf die Seite derer, die jünger und offensichtlich gesünder waren. Uns gegenüber versammelte sich eine Menge alter, kranker und halbverhungerter Menschen. Ich wußte nicht, *was* das bedeutete, sondern lediglich, *daß* das etwas bedeutete.

Kurz danach kam Fricek Weiss zu uns, seine hinter ihm stehenden Eltern verwies Mengele auf die andere Seite. Ich weiß nicht, wie weit Fricek die Situation erfaßte und ob es wirklich von Bedeutung war für das, was er tat. Er hielt es nicht aus, nicht bei seinen Eltern zu stehen. An diesem Ort konnte er nicht von ihnen getrennt sein. Er kehrte zu denen zurück, welche die Menschen sortierten, als wären sie brauch- oder unbrauchbare Kleidungsstücke, und sagte zu Mengele: »Herr Hauptsturmführer, Sie haben meine Eltern auf die andere Seite geschickt. Bitte, darf ich zu ihnen?« Das Grinsen Mengeles sehe ich noch heute vor mir. »Aber selbstverständlich dürfen Sie!« Und er lief zu ihnen, unser Benny Goodman, auf die andere Seite. Ich wurde weitergeschoben, verlor ihn aus den Augen und wunderte mich über die Asche, die durch die Luft wehte und den Boden der gesamten Gegend bedeckte.

Nachdem die Wachmannschaften uns in den Vorbereich des Lagers geführt hatten, mußten wir anhalten und vor einem hohen elektrischen Zaun strammstehen. Ein grausiger Anblick bot sich uns: Im Stacheldraht hingen mehrere verbrannte Leichen. Maschinengewehre wurden auf uns gerichtet und der Strom im Zaun abgeschaltet, ein Trupp Häftlinge begann seine Arbeit zu verrichten. Sie öffneten den festgekrallten und verkohlten Körpern mit Gewalt die starren Finger und nahmen sie vom Draht. Reine Routine. Ein Ritual, das wir in Zukunft allmorgendlich betrachten konnten – wenn wir uns nicht selber eines Nachts entschließen sollten, »in den Draht zu gehen«, wie die, die keinen weiteren Tag mehr ertragen konnten. Nach der »Säuberung« des Zaunes wurde dieser wieder elektrifiziert, und wir marschierten weiter.

In dem nur spärlich belegten E-Lager – es war lediglich mit schon vor uns aus Theresienstadt eingetroffenen Häftlingen belegt – erwartete unseren Transport ein Trupp SS mit scharfen Hunden. Vor ihnen stand der Kommandant und stellte direkt klar: »So, ihr Saujuden, damit ihr Bescheid wißt: Ihr seid im Vernichtungslager Auschwitz-Birkenau. Den Eingang kennt ihr bereits, der Ausgang ist dort.« Er zeigte hinüber zu den qualmenden Schornsteinen. Das war die Erklärung. Der Geruch, die Asche, die andere Seite – Fricek, seine Eltern, meine Großeltern. Jetzt hatte ich verstanden.

Wir wurden auf die Baracken verteilt, umgebaute Pferdeställe mit Holzpritschen. Am Eingang rasierte man uns kahl. Tätowiert wurden wir, wie alle, die aus Theresienstadt kamen, seltsamerweise nicht. Als unsere Reihe magerer, nackter Männer zur Registrierung anstand, gelang mir, so etwas wie meine Fassung wiederzuerlangen. Ich spielte das gleiche Spiel wie vordem an der Rampe. Strammgestanden, der Blick in die Augen. »Zwanzig, Herr Sturmbannführer! – Klar kann icke arbeiten. Rohrleger und Klempner!« Er schaute ziemlich erstaunt angesichts der Berliner Schnauze mit ehrbarem Handwerk.

Schon am Nachmittag schien mein Schutzengel sich abermals für mich zu interessieren. Ein Mann, der im Vergleich zu unserer Häftlingskleidung gut angezogen war, kam auf mich zu, hielt mich an und fragte: »Sag mal, bist du der Berliner?« Ich stand stramm. »Jawoll, Herr Blockältester!« »Mensch, Coco, hör auf! Ich bin doch der Heinz!« Zuerst wußte ich nichts mit ihm anzufangen, dann klärte er mich auf. Heinz Herrig. Der Berliner Croupier war oft zu Gast in der *Rosita-Bar* gewesen, ein begeisterter Fan von Tullio und seiner Band. Er kannte die Musik des Maier-Sattler-Duos, und ich stellte ihm Otto Sattler vor, der ebenfalls unserer Baracke zugeteilt worden war.

Sofort faßte Heinz einen Plan. Nicht nur in Theresienstadt, auch in Auschwitz gab es Musikgruppen. Bis vor kurzem war das E- oder auch »Zigeunerlager« mit dreißigtausend Sinti, Roma und anderen »Zigeunern« besetzt gewesen, Männer, Frauen und Kinder. Dann mußte die Lagerorganisation in Windeseile Platz für die Theresienstädter

Transporte schaffen und trieb sämtliche Insassen des E-Lagers ins Gas. Heinz erzählte uns, die Kapos hätten Frauen und Kinder mit Knüppeln aus dem Dachgebälk heruntergeschlagen, wo sie sich in Todesangst versteckt hatten. In diesen Baracken, über denen eine grausame Stille lag, hatte also vor wenigen Tagen eine Band gespielt, eine Zigeunerkapelle mit dreißig Mann.

Darin sah Heinz unsere Chance, vorerst zu überleben. Er stellte uns dem Lagerältesten als Musiker vor. Die Lagerältesten hatten eine besondere Position. Sie waren Häftlinge wie wir, aber in der Regel »echte« Deutsche – seit 1940 aus Sachsenhausen hierhin überstellte Sträflinge und »Berufsverbrecher« jeglicher Couleur. Sie hatten relativ freie Hand und übten ihre Macht über die Häftlinge manchmal gezwungen, aus Angst um ihr eigenes Leben, mitunter aber auch gern und skrupellos aus. Einer von ihnen war uns schnell als Lustmörder bekannt. Morgens nach dem Aufstehen schlug er erst einmal zwei, drei Leute tot, einfach so, zum Vergnügen. Der SS sollte das nur recht sein. Einige der Lagerältesten hielten sich unter anderem als Zeichen ihres Standes eine eigene Band.

An Instrumente zu kommen war auch in Auschwitz meist kein Problem, hatten doch einige der ankommenden Musiker es geschafft, sie mitzunehmen, bis sie ihnen an der berüchtigten Rampe vom sogenannten Kanadakommando abgenommen wurden. Dieses Kommando, das auch uns »begrüßt« hatte, bestand aus bevorzugten Häftlingen, die sämtliche persönliche Habe der Ankommenden einzusammeln und in eine der dreißig Effektenkammern zu transportieren hatten. Diese Räume, angefüllt mit Bergen von dem, was man sich als letztes Gepäck nur vorstellen kann, hießen »Kanada«, da das Land für die Polen der Inbegriff allen Reichtums war. Die Häftlinge des Kommandos verstanden ihre Arbeit auch eigennützig anzuwenden, indem sie einige der konfiszierten Gegenstände beiseite schafften und mit ihnen innerhalb des Lagers Handel trieben.

Unser Lagerältester hatte seine Zigeunerkapelle also gerade verloren und war sofort mit Heinz' Vorschlag einverstanden. Heinz führte uns in die Halle, in der unter anderem die Instrumente lagerten, und sagte: »Sucht euch was aus, es ist alles da.« Ich entschied mich für eine Selmer von einer französischen Firma, die auch die Gitarren für Django Reinhardt baute. Nie vorher hatte ich auf einem so guten Instrument gespielt! Die Gedanken an den Vorbesitzer konnte ich verdrängen – das war der einzige Weg. Ich hatte mich an das Verschwinden und die Ermordung von Menschen gewöhnt, soweit ich mich an so etwas gewöhnen kann.

Eher intuitiv und unter der Wirkung des Schocks der letzten Tage spürte ich, daß ich mir keine Sentimentalitäten mehr leisten konnte. Hier herrschte einzig und allein das Prinzip: »Jeder ist sich selbst der nächste.« Das bedeutete in dieser Situation auch, ein klein wenig Teil der regierenden Unmenschlichkeit zu werden. Wenn ich mich in diesem Konzentrationslager nicht aufgeben wollte, mußte ich mich auf die Bewahrung des eigenen Lebens konzentrieren; das ging nur auf Kosten von Menschlichkeit und Gefühl.

So kam es, daß Otto Sattler und ich bereits an unserem ersten Abend in Auschwitz wieder musizierten – vor dem Lagerältesten, einem Berufsverbrecher mit volkstümlichem Geschmack. Wir spielten Reeperbahnlieder und Paul-Lincke-Melodien, all seine Wünsche. Er griff sich einen Stuhl und zwei Stöcke und trommelte fleißig mit – wie auch ich einst, im Alter von vier Jahren, im Hause meiner Großeltern.

Einer der nächsten Transporte aus Theresienstadt brachte Martin Roman und Eric Vogel zu uns. Wir planten gleich eine Kapelle unter der Leitung von Roman. Den Lagerältesten davon zu überzeugen war kein Problem. Denn die wetteiferten miteinander um die beste Lager-Band. Auch die SS unternahm nichts dagegen, sondern klatschte Beifall. Manche von ihnen standen gar auf die Musik – sie waren in derselben Zeit, derselben Umgebung, mit denselben Einflüssen groß geworden wie ich. Erst an jenem Tag vor der Schultafel machte man mir den Unterschied, der uns angeblich voneinander trennte, aber nichts mit Musik zu tun hatte, grausam klar. Außerdem waren wir Musiker eine willkommene »Abwechslung« im eintönigen, grauen, im »tödlich« langweiligen Lageralltag und schnell fester Bestandteil dieser makabren Welt.

Roman sammelte alle Musiker, die nach uns aus Theresienstadt herüberkamen, und gründete seine Band. War ein passendes Instrument nicht mehr aufzutreiben, bekamen die Musiker ein anderes und mußten ihr Können markieren, so gut wie möglich, denn daran hing manchmal ein Menschenleben. Für Eric Vogel war keine Trompete mehr zu finden. Wir gaben ihm eine Mandoline und sorgten bei unserem Zusammenspiel dafür, daß unser gefährliches Publikum davon nichts mitbekam. Der Unterschied zu Theresienstadt war uns sehr klar. Nicht mehr die naiverweise für möglich gehaltene Freiheit, sondern die nächsten paar Stunden Leben waren das Ziel.

Auch nebenan, im D-Lager, spielte eine Kapelle, die sich zynischerweise Wesola Piatka nannte oder nennen mußte, »Die fröhlichen Fünf«. Wir konnten nicht in direkten Kontakt treten, außer daß wir uns durch den Zaun hindurch gelegentlich kurz unterhielten, wenn beide Bands unter freiem Himmel zu spielen hatten.

Nach ein paar Wochen wurden wir nicht mehr nur zu privaten »Vergnügungen« verpflichtet, sondern, wie die anderen Kapellen auch, »offiziell« in das Lagergeschehen integriert. Wir waren inzwischen privilegiert, bekamen kleine Sonderrationen und brauchten nicht mehr in den normalen

Baracken zu wohnen, nicht mehr mit sechs oder sieben auf einer Pritsche zu schlafen. Für die Häftlinge war die Lagerhierarchie mit der Zeit selbstverständlich geworden. Überdies hätten sie jeden Widerstand gegen die Lager- und Blockältesten, die meist Busenfreunde der SS-Meute waren, unverzüglich mit dem Leben bezahlt. Sich gegen die Privilegien einiger Häftlinge wie uns aufzulehnen, dazu fehlte ihnen der Wille und die Kraft. Wer keine Extraportionen bekam, wem sein Napf nicht vom Boden des Kessels gefüllt wurde, der war bald am Ende und magerte ab bis auf die Knochen. Wer erst einmal als »Muselmann«, wie die wandelnden Skelette hier genannt wurden, herumlief, der kam innerhalb weniger Tage ins Gas.

Wir waren nicht nur als Musiker und Künstler in einer besonderen Lage, sondern allein schon aufgrund unserer vorigen Station Theresienstadt. Zu durchschauen war das nicht. Jeder Theresienstädter konnte ins Gas geschickt werden, tätowiert aber wurde keiner von uns. Vermutlich glaubte jemand, mit uns Handel treiben zu können. Schließlich hatten ehemalige Insassen des »Musterlagers« eine gewisse Bekanntheit; wie wir vom Hörensagen wußten, flossen in manchen Fällen Millionensummen für Häftlinge, die freigekauft wurden.

Heinz erzählte mir von einer Art Familienlager für Ankömmlinge aus Theresienstadt. Dort wurden Kinder angeblich mit Schokolade verwöhnt. Dann aber wurde die gesamte Gruppe, Männer, Frauen und Kinder, geschlossen ins Gas geschickt. Eine Logik war in diesem Handeln der Nazis nicht zu erkennen. Vielleicht gab es auch keine. Das war gefährlich, weil man sich nicht sicher sein konnte, mit Berechnung und Berechenbarkeit über die Runden zu kommen. Willkür und Zufall regierten.

Uns Musikern ging es in vielerlei Hinsicht besser als anderen. Doch das eigene Bett kostete seinen Preis. Morgens ertönte der Befehl: »Kapelle raustreten!« Wenn wir nicht zur Unterhaltung der SS beim Tätowieren der Neuankömmlinge spielten, mußten wir meist zum Lagertor. Dort hinaus marschierten die Arbeitskolonnen oder die »Selektierten« zu den etwas außerhalb des Lagers gelegenen Gaskammern.

So brachte jeder Morgen aufs Neue das Grauen: lange Reihen ausgemergelter Menschen auf ihrem letzten Gang. Immer wieder sagte ich mir, die Musik kann nichts dafür. Die Musik rettet dir – wenn schon nicht das Leben, so doch den heutigen Tag.

Der Mensch ist eine merkwürdige Erfindung. Unberechenbar und gnadenlos. Die Bilder, die ich in jenen Tagen sah, waren nicht auszuhalten, und doch hielten wir sie aus. Wir spielten Musik dazu, ums nackte Überleben. Wir machten in der Hölle Musik.

Eines der Lieblingslieder der Nazischergen war *La Paloma*, aus dem Hans-Albers-Film *Große Freiheit Nr. 7*. Wir saßen am Tor des Vernichtungslagers und spielten dieses Lied von der Sehnsucht, vom Meer, den Sternen und dem Glück der Freiheit: »Ein Wind weht von Süd und zieht mich hinaus auf See. Mein Kind, sei nicht traurig, tut auch der Abschied weh ...«

Die Kinder, die an uns vorübergingen, schauten mir direkt in die Augen, ich schaute nicht weg. Sie wußten genau, wohin sie gingen. Diese Bilder sind auf meiner Netzhaut eingebrannt. Ich kann noch so oft blinzeln. Manchmal hilft mir, daß die Tränen kommen, aber kaum öffne ich die Augen, ist das Bild wieder da. Mit ihnen ist in mir endgültig etwas zerbrochen, das nicht zu reparieren ist.

Abends waren wir dem Lagerältesten mit seinen Kollegen und der SS zu Diensten, bei kleinen Gelagen mit Speisen, Wodka, deutschen Möwe-Zigaretten und Gesang. Wir spielten querbeet alles, was sie hören wollten, von Linckes

Glühwürmchen und dem Schlager *Für eine Nacht voller Seligkeit* bis zu *You are my lucky star*. Dabei standen wir ununterbrochen unter Spannung, ihre Wünsche peinlich genau erfüllen zu müssen. Ein Fehlgriff, eine Laune, eine Unvorsichtigkeit hätte für einen oder alle von uns das sofortige Todesurteil bedeuten können. Jeder »gelungene« Auftritt hingegen brachte uns einen Tag weiter, verschaffte uns lebensnotwendige Vorteile – dafür nahmen wir einiges in Kauf. Manchmal waren die »Belohnungen« auch abwegig. So wies man die Lagerschneiderei an, uns dunkelblaue Blazer auf Maß anzufertigen, mit einer kleinen gestickten goldenen Lyra auf dem Revers!

Ein ganz besonderer »bunter Abend« fand in den hinreichend bekannten Duschen statt, in der Entlausung. Die Lagerältesten luden ein. Sie trugen Kleider der Frauen, die am Morgen an uns vorübergezogen waren, und ließen sich vollaufen bis zur Unterlippe. Immer neue Stimmungslieder forderten sie von uns. Der Abend endete damit, daß sie uns befahlen, mit ihnen Sekt zu trinken – aus »ihren« Damenschuhen.

Ich bekam die Ruhr und wurde mit Koliken und hohem Fieber in den Krankenblock eingewiesen. Plötzlich erschien der Lagerkapo an meiner Pritsche und zischte mir zu: »Du mußt hier sofort weg!« Er hatte erfahren, daß neue Transporte kommen sollten; in dem Fall mußte Platz im Lager geschaffen werden, der Krankenblock war stets als erster dran. Zehn Minuten nach seiner Warnung, ich stand schwach und wankend vor der Tür, kamen die Lastwagen. Die SS »räumte auf«.

Nicht viel später stand Otto Sattler morgens am Zaun unseres Lagers und schaute hinaus auf die Hauptstraße. Durch Heinz Herrig wußten wir Musiker, daß wieder ein Transport aus Theresienstadt angekommen war. Manchmal ergab sich die Gelegenheit, von den Wachen unentdeckt, nach bekannten Gesichtern Ausschau halten zu können. Wie an jedem jener Tage schickte Mengele auch an diesem Morgen den Großteil der Ankommenden die Hauptstraße entlang, von der Rampe aus direkt in die Gaskammern.

Plötzlich erstarrte Sattler. Seine Frau und seine fünf Kinder gingen an ihm vorüber. Nur durch den Zaun getrennt warfen sie sich einen letzten Blick zu; unaufhaltsam bewegte sich der entsetzliche Zug der »Selektierten« weiter. Otto schaute ihnen nach und konnte nichts tun. Er wußte, was sie erst ahnten.

Abends musizierten wir wieder vor unserem Lagerältesten. Als Otto seine Tränen nicht mehr zurückhalten konnte, herrschte dieser ihn an: »Warum heulst du denn die ganze Zeit – das kann einem ja die Laune verderben!« Otto erzählte ihm, was vorgefallen war, doch es hinterließ keinen großen Eindruck: »Na, das ist doch kein Grund zu weinen. Schließlich wirst du sie bald schon wiedersehen!« Wir waren alle innerlich aufgewühlt, doch wir machten weiter, Minute für Minute, um unsere »Verwendbarkeit« zu demonstrieren.

Zusammen mit dem holländischen Duo »Jonny und Jones« spielten wir auch für einen berüchtigten Rottenführer von der politischen Abteilung. Diejenigen, die sich im Lager etwas zuschulden kommen ließen, kamen in den Bunker ebenjener Abteilung und wurden dort von ihm zu Tode gequält, mit grausamsten Methoden. Wir alle hatten eine höllische Angst vor ihm.

Er bestellte uns in unseren Vorzugsuniformen für eine kleine Privatvorstellung in eine Baracke, wo er allein saß und uns zuhörte. Nach einer Weile stand er auf und setzte sich neben mich. Mir wurde schlecht. Dann fragte er: »Sag mal, bist du Berliner?« und auf mein Nicken: »Ja? Schön, ich auch. Wo hast du denn gespielt?« Ich erzählte ihm alles, er hörte zu, wir unterhielten uns eine Weile. Ich konnte nicht fassen, daß er ein Mensch war. Nur wenn er tagsüber seine schwarze Uniform trug, verwandelte er sich in eine Bestie, einen eiskalten, unbarmherzigen Sadisten. Jetzt saß er hier und plauderte mit mir über Musik.

Zum Schluß faßte ich mir ein Herz und fragte ihn: »Herr Rottenführer, ob ich hier noch mal rauskomme?« Er antwortete ganz ruhig: »Ich weiß nicht.« Dann stand er auf und meinte: »Kinder, ihr habt heute abend schön gespielt, kommt mal mit!« Er brachte uns in eine riesige Effektenkammer, einen Stall, in dem Berge von Schuhen, Kleidern, Brillen und Menschenhaaren gelagert waren. Aufgeräumt, sortiert. Gespenstisch. Vor einem Berg mit Tausenden von Schuhen blieb er stehen und gab uns die Anweisung, uns welche auszusuchen, als Gage. Dieser Abend war ein innerliches Inferno, aber die Musik rettete mir und den anderen abermals das Leben beziehungsweise machte es erträglicher. Ohne Schuhe war an Überleben nur schwer zu denken. Wer welche besaß, zog sie auch zum Schlafen nicht aus, in der Gewißheit, daß sie sonst am nächsten Morgen gestohlen waren.

Der nahende Winter trug das Seine dazu bei. Morgens um fünf mußten wir zum Appell antreten. Auch wer keine Schuhe hatte, stand stundenlang bis über die Knöchel im eiskalten Schlamm. Viele der jetzt aus Ungarn deportierten Neuankömmlinge hatten ihre Füße notdürftig mit Zeitungspapier umwickelt und kaum eine Chance, diese Torturen zu überleben. Entweder sie bekamen Grippe, eine Lungenentzündung und litten ein paar Tage, oder sie erfroren auf der Stelle.

Die Vergasungen wurden im November 1944 reduziert, aber bis Januar 1945 fortgesetzt – allein das Morden und Sterben lief ohne Unterlaß weiter. Die meisten Lagerinsassen waren mit ihren Kraftreserven am Ende. In jener Zeit versuchte ich manchmal zu beten. Mein bisheriges Leben war nicht gerade religiös verlaufen, ich hatte mich nur wenig mit den existentiellen Fragen des Lebens beschäftigt. Aber hier, in dieser Hölle, reduzierte sich das Leben schnell auf sie. Selbst in Theresienstadt war mir egal gewesen, daß ich jüdisch war; hier lernte ich es langsam zu akzeptieren. Oder, besser gesagt, die Nazis hatten mir mein Judesein eingebleut, nun nahm ich dies auf eine sehr spezielle Art und Weise an. Jedesmal, wenn wir am Lagertor saßen und die Menschen an uns vorbeizogen in ihren Tod, betete ich zu Gott und bat: »Mach was, irgend etwas! Komm runter und hilf diesen Menschen!« Aber niemand kam. Nichts passierte. Keine Antwort. Jeder im Lager betete zu Gott, jeder zu seinem. Aber kaum jemand wurde erhört. Da tummelten sie sich über den Wolken, der christliche und der jüdische Gott, Allah und Buddha, traten sich gegenseitig auf die Füße. Aber als wir sie brauchten, kam keiner.

In diesen Stunden habe ich einiges gelernt. Zum einen, daß nichts so stinkt wie Menschenfleisch. Zum anderen, daß ich Jude bin. Ich habe trotz allem einen Glauben gefunden, der nicht einen bestimmten Gott im Himmel meint. Ich weiß seither, daß es »etwas« gibt, daß da »etwas« ist, was mich gerettet hat. Denn so viele Zufälle, wie ich sie erlebt habe, kann es gar nicht geben. Aber *was* es war und ist, weiß ich bis heute nicht. Auf jeden Fall kein Gott, den ich in einer Kirche besuchen kann, eher ein irgendwie andersgeartetes Wesen, ein Schutzengel.

Im Dezember häuften sich die Veränderungen im Lager. Einige Schornsteine rauchten schon seit zwei, drei Wochen nicht mehr, und man begann damit, die ersten Krematorien zu demontieren. Im Januar wurden dann die zentralen Krematorien gesprengt. Das hatte, wie ich später erfuhr, Himmler angeordnet.

Eines Morgens im Januar 1945 kam Heinz zu mir und meinte: »Wir gehen auf Transport!« Ob dies eine gute Nachricht war, wußte niemand zu sagen. Die begründete Angst griff um sich, daß unser letzter Gang, zum Lagertor hinaus, direkt in den Tod führte. Am nächsten Morgen wurden beim Appell seltsamerweise Brotrationen ausgegeben, danach verließen wir das Lager in Richtung Gaskammer. Was für ein perfides Spiel hatten sie sich jetzt wieder ausgedacht?

Niemand spielte am Tor, denn das E-Lager mit sämtlichen dreißigtausend Insassen wurde geräumt. Als die Spitze des langen Menschenzuges die Abzweigung zu den Gaskammern seitlich liegen ließ und sich auf die Rampe zubewegte, war mancher von uns von der Spannung des Momentes betäubt. Tatsächlich wurden wir auf die Waggons mehrerer endlos langer Züge verteilt. Abermals, ich konnte es nicht glauben, fuhren die Züge Richtung Berlin. Wieder standen wir ein oder zwei Tage in Oranienburg und bewegten uns danach Richtung Süden. Diesmal fand ich keine Möglichkeit, zum Tor des Waggons zu gelangen, aber ich spürte unser altes Haus vorüberziehen, ohne zu wissen, ob es noch stand. Wie lange war dies alles her? Nicht sehr lange, aber doch eine Ewigkeit.

Das Ziel unserer Reise war Kaufering, ein Nebenlager von Dachau, eines der ersten Konzentrationslager der Nazis, nördlich von München gelegen und 1933 erbaut – in jenem Jahr, als mein größter Wunsch darin bestanden hatte, ins Jungvolk aufgenommen zu werden.

Die Ankunft in Kaufering erinnerte mich an die in Auschwitz-Birkenau. Mein Schutzengel war vorausgeflogen. Der Lagerälteste war Jirka Taussig, der ehemalige Posaunist der Ghetto-Swingers. Wir begrüßten uns herzlich, und ich bekam als erstes ein paar Sonderrationen aus der Küche, um wieder halbwegs auf die Beine zu kommen. Kaufering war nicht als Vernichtungslager konzipiert, aber das Elend war auch hier entsetzlich. Statt in Baracken hausten wir in überdachten flachen Erdmulden, die mit altem, faulendem Stroh ausgelegt waren. Wir schliefen dicht beieinander. Jeder Morgen begann mit der Kontrolle, ob der Nebenmann noch am Leben war. Die Toten wurden dann nach draußen geschafft, die entstandenen Lücken neu belegt. Die Zustände waren katastrophal.

Ich klammerte mich an mein Leben. Auch hier half mir die Musik. Im Lager hatte sich schnell herumgesprochen, daß ich Musiker war. Ein Häftling des Außenkommandos, der draußen Kabel verlegte und auf Höfen arbeitete, entdeckte in einer Scheune eine alte vergammelte Gitarre. Taussig organisierte in der Küche einen Würfel Margarine, und am nächsten Tag fragte der Häftling den Bauern, ob er bereit wäre, zu tauschen. Er schmuggelte das dicke Ding an den Wachen vorbei ins Lager – unglaublich. Leider fehlten die Saiten. Aber nachdem mir das Außenkommando einige Stücke Kabel besorgt hatte, isolierte ich sie ab, spannte die Drähte und baute sie ein. Ich konnte das Instrument wieder zum Leben erwecken, es klang nicht einmal schlecht.

Von nun an gab ich regelmäßig kleine Küchenkonzerte und hielt mich dank der Extraportionen, die ich als Gage erhielt, über Wasser. Meinen Mithäftlingen diente die Musik als emotionale Nahrung, manchem mag sie den Lebensmut erhalten haben. In dieser Situation warteten wir alle ab, wollten nicht weiter auffallen, mußten einfach durchhalten. Daß der Weg zum Ende des »Tausendjährigen Reiches« weniger weit als zum »Endsieg« war, wußte inzwischen jeder von uns.

Trotzdem konnte die nächste Minute die letzte sein. Die SS-Meute war nicht ungefährlicher als in Auschwitz-Birkenau. Eines Morgens beim Appell erschienen die Soldaten sturzbetrunken und machten sich ein Vergnügen daraus, uns mit Wasser zu bespritzen und zu übergießen. Viele brachen auf der Stelle zusammen und erfroren. Ich hielt durch bis zum Schluß des Appells, rannte wie die anderen zum nächsten

Schneehaufen, zog meine Kleidung aus und rieb mich mit Eis und Schnee ein, bis mir heiß wurde. Bei uns in der Baracke stand ein spärlich mit Holzabfällen beheizter Kanonenofen, der uns an jenem Morgen rettete. Viele Häftlinge der anderen Baracken starben in den folgenden Tagen an Lungenentzündung. Das war das, was sie »Scherze« nannten, Scherze der SS, die – schwer betrunken und gutgelaunt – nicht sich, sondern ihre Opfer »totlachten«.

Schließlich wurde ich Stubenältester im Krankenlager, der einzige in dieser Position, der keinen Gummiknüppel trug. Das war nicht ungefährlich, denn wäre wirklich einmal Unruhe entstanden in »meinem« Block, wäre ich als erster drangewesen. Aber ich wollte mich nicht einreihen unter die, die sich mit Gewalt Respekt verschafften. Nicht, daß ich sie pauschal verurteile, denn ich weiß nur zu gut, daß meist das eigene Leben davon abhing. Viele von uns balancierten auf diesem Grat zwischen Opfertum und Täterschaft; viele der Schicksale verliefen, verglichen mit meinem, dramatischer, zwangsläufiger. Ich hatte mir unbeirrbar versprochen, nicht zum Täter zu werden. Dank meiner Jugend, meiner Musik und dem Maß an Sympathie, das in einer solchen Situation noch zu wecken war, gelang es mir. Der Effekt war deutlich und gefährlich – alle wollten zu mir in den Krankenblock. Beinahe wäre ich aufgeflogen.

Bald wurde ganz Kaufering zu einem Krankenlager, denn Flecktyphus brach aus, eine meist tödliche Krankheit, die durch Läuse übertragen wird. Das gesamte Gelände wurde unter Quarantäne gestellt, die Bewacher riegelten uns von außen ab. Derjenige, der versuchte, hinaus- oder hereinzugelangen, wurde auf der Stelle erschossen. Die kärgliche Verpflegung wurde uns über den Zaun geworfen, ansonsten überließ man uns unserem Schicksal. Schnell leerten sich die Schlafplätze in den Unterständen, und wir wenigen, welche die Krankheit nicht gepackt hatte, umstreuten die stinkende Lage Stroh, auf der wir schliefen, mit Chlor. Es war bestialisch, aber das fanden die Läuse, die die Seuche verbreiteten, auch. Wir blieben verschont.

Ende April wurden wir zusammengerufen. Das Lager Kaufering befand sich in Auflösung. Jeder bekam eine Decke und ein halbes Brot. Wir wurden auf Marsch gesetzt, einen Marsch der Elenden Richtung Innsbruck. Der Zustand des traurigen Zuges, der sich südwärts schleppte, war unbeschreiblich. Ich kann nicht mehr genau sagen, wohin sie uns führten. Wir erlebten alles nur in einer Art Trance oder Apathie. Wohl weiß ich, daß ich das Ortsschild von Pasing sah, daß die Passantinnen auf den Straßen weinten, als wir vorbeizogen, und uns Wasser geben wollten. Unsere SS-Bewacher schlugen sie mit ihren Gewehrkolben beiseite.

Hinter der Stadt begann der Wald, der Weg zog sich endlos. Plötzlich tauchte die Truppe eines Wehrmachtgenerals auf. »Unsere« SS geriet mit denen aneinander, denn der General verwahrte sich dagegen, daß man der deutschen Bevölkerung und seinen tapferen Soldaten im Frontgebiet einen solch elenden Anblick bot. Als er dann aber Ziel und Zweck unseres Marsches erfuhr, wird er zufrieden gewesen sein. Wir waren auf dem Weg zu General Schörner, der im Volksmund »Soldatenklau« genannt wurde, weil er sich darin übte, versprengte und kranke Soldaten in einer kuriosen Einheit zu versammeln und speziellen Aufgaben zuzuführen. Für uns hatte er in einem Talkessel bei Innsbruck Maschinengewehre aufstellen lassen, um kurzen Prozeß zu machen. Dazu sollte es nicht mehr kommen.

Am Abend des 30. April 1945 trafen wir in Wolfratshausen ein und bezogen für die Nacht ein Areal mit verlassenen Fremdarbeiterbaracken. Seit langer Zeit hatten wir wieder einmal eine Art Pritsche unter dem Rücken. Am nächsten Morgen traten wir ins Freie und bemerkten zu unserer großen Überraschung, daß der Großteil unserer Bewacher getürmt war; nur zwei SS-Männer hatten sich entschlossen, uns nicht allein zu lassen. Sie hatten sich absurderweise vorgenommen, ihre Haut dadurch zu retten, daß sie uns lebend den Amerikanern übergaben. Ihre Lage war nicht die beste. Wir brauchten eine Weile, um die Situation zu begreifen. Nur mit Mühe verständigten wir uns untereinander, sie nicht kurzerhand aufzuknüpfen. Vor allem die anderen ehemaligen Stubenältesten brannten darauf. Verständlich war das – und keiner unter uns empfand nicht eine gewisse Genugtuung bei dem Gedanken –, aber andere und ich weigerten uns, daran mitzutun. Über Nacht hatten wir Macht über unsere Folterer bekommen. Der Vernunft Geltung zu verschaffen gegenüber dem sprachlosen, unbeschreiblichen Haß war nicht leicht.

Unsere »Bewacher« wollten gutes Wetter machen. Einer von ihnen bat uns, ihm beim Entfernen seiner Schulterklappen zu helfen, und meinte dabei: »Ich war doch immer gut zu euch!« Tatsächlich erwiesen sie uns unabsichtlich einen großen Dienst. Als sich plötzlich Panzer näherten, gingen sie und, dem Impuls folgend, auch wir in Deckung. Sie nahmen an, es wären die Amerikaner, und fürchteten um ihr Leben. Wir hatten gar nicht nachgedacht und waren drauf und dran gewesen, in unser Verderben zu rennen. Denn es waren Fahrzeuge der abziehenden SS, die uns zum Abschied sicher zusammengeschossen hätte, wenn wir uns nicht rechtzeitig auf den Boden geworfen und versteckt hätten. Als wir am nächsten Morgen abermals das Geräusch nahender Panzer hörten, schickten wir, klüger geworden, einen von uns voraus, der gucken sollte. Er meldete lakonisch: »Stern dran – Amerikaner!« Das war's.

Aus dem zweiten Panzer, der sich näherte und bremste, stieg ein amerikanischer Geistlicher. Er hatte uns fest im

Blick, als er auf uns zukam, und brach in Tränen aus. Dann sprach er einen leisen Segen für uns. Ein evangelischer Geistlicher segnete uns Juden – eine ergreifende Szene.

Für mich war es eine Befreiung mit Hindernissen. In den letzten Tagen hatte ich mir doch noch Flecktyphus eingefangen, durch die Nächte auf dem frostigen Boden zudem eine ordentliche Angina. Plötzlich bekam ich hohes Fieber. Ich wurde mit zahlreichen anderen Kranken auf einen Pferdewagen geladen, der uns ins Lazarett Fährenwald bringen sollte. Viele starben bereits auf dem Weg dorthin, außer mir überlebte nur einer. Der drehte auf der Fahrt durch und rief immer wieder: »Ich bin Hitler, ich bin Hitler!« Na ja, auch mir verrückte sich die Welt in diesen Stunden, denn ich entschloß mich fest dazu, Musiker zu bleiben …

Wie lange ich im Fieberwahn verbrachte, weiß ich nicht. Wahrscheinlich als das Fieber am höchsten war, sah ich eine sonnenüberflutete Wiese, auf der meine Eltern standen, mich anschauten und riefen: »Heinz, Heinz, Heinz!« Ich öffnete die Augen und schaute direkt in das freundliche Gesicht einer Krankenschwester, die auf mich runterlächelte und sagte: »Jetzt hat er es geschafft.« Ich hatte ein Gefühl, als ob ich schon dabeigewesen wäre, mich zu verabschieden, und meine Eltern mich zurückgeholt hätten. Wie auch immer, es war vorbei.

Nach dem Aufeinandertreffen mit den Amerikanern – unserer Befreiung – streiften die Gesunden von uns durch Wolfratshausen. Die Straßen waren gespenstisch leer. Viele Bewohner hatten sich aus Furcht vor den Siegern versteckt, ihre Geschäfte in Windeseile aufgegeben. Meine ehemaligen Mithäftlinge durchsuchten alle verlassenen Räume nach Dingen, die sie in ihrer Situation am nötigsten brauchen konnten. Mir brachte jemand eine Wandergitarre mit! Sie half mir wesentlich im Krankenbett, das Gleichgewicht wiederzufinden. Sowie ich mich wieder aufrichten konnte, spielte ich – was sonst?

Anfang Juli war ich wiederhergestellt und verabschiedete mich von der netten ungarischen Schwester. Von den Amerikanern bekam ich einen Passierschein und bestieg zum letzten Mal in meinem Leben einen Güterzug – Richtung Berlin!

Den verließ ich in Pankow und begab mich zur Laube meines Onkels Max. Er war den Nachstellungen der Nazis entgangen. Nachdem ich geklopft und er die Tür geöffnet hatte, starrten mich seine entgeisterten Augen an. Nach der Nachricht, ich sei nach Auschwitz-Birkenau gebracht worden, hatten alle mit größter Sicherheit angenommen, ich sei tot. Dazu kam, daß ich ein bißchen danach aussah: eingefallenes Gesicht und nur langsam nachsprießende Haare auf dem Kopf. Aber die anfängliche Entgeisterung wich überschwenglicher Freude – und als ich hörte, daß meine Eltern am Leben und bereits wieder zurück in Berlin waren, konnte ich diese unbesorgt teilen. Mein Onkel organisierte auf der Stelle Pferd und Wagen, und wir machten uns auf den Weg nach Halensee. Als meine Mutter mich sah, wäre sie beinahe in Ohnmacht gefallen, aber ich hielt sie in meinen Armen und ließ sie spüren, daß ich wahr war. Kurze Zeit später kam mein Vater von der Arbeit, und ich erfuhr, wie es ihnen ergangen war.

Mein Vater hatte 1942 noch immer die Möglichkeit, sich von seiner Familie loszusagen, aber er dachte nicht daran. 1943 verhaftete die Gestapo meine Mutter, als sie auf dem Schwarzmarkt Zigaretten kaufte. Sie wurde in das Gefängnis in der Bessemerstraße verbracht. In einer der folgenden Nächte trafen Bomben das Gebäude und setzten es in Brand. Viele Inhaftierte kamen dabei in den Flammen um. Meine Mutter hatte Glück und konnte sich durch Zufall auf die Straße retten. Schwerverletzt schleppte sie sich nach Hause in die Kurfürstenstraße. Dort lag sie im Hinterzimmer, in dem mein Vater sie pflegte. Zwei Tage später klopfte es an der Tür. Die Gestapo stand davor. Auf ihre Frage, wo seine Frau sich aufhielte, antwortete mein Vater: »Das müssen Sie doch besser wissen. Sie haben sie schließlich verhaftet!« Eine kurze Pause, ein kurzer Seitenblick und eine schnelle Antwort: »Dann müssen wir Ihnen wohl mitteilen, daß sie nicht mehr lebt!«

So hatte mein Vater seiner Frau mit dieser geistesgegenwärtigen Antwort das Leben gerettet. Meine Mutter galt vorerst als tot und war außer Gefahr. Als sie wieder halbwegs auf den Beinen war, entschlossen sich meine Eltern, Berlin zu verlassen und zu Freunden nach Schlesien zu verschwinden. Für diese nicht ungefährliche Tour brachten sie meinem kleinen, eineinhalbjährigen Bruder bei, angesichts einer Uniform sofort sein Ärmchen zu strecken und »Heil Hitler« zu krähen. Diese List zahlte sich schon während der Zugfahrt aus; sobald eine Kontrolle kam, stellte meine Mutter sich schlafend, mein Vater wies sich aus, und Jürgen tat, wie ihm geheißen. Wer konnte es angesichts dessen schon übers Herz bringen, die müde Frau zu wecken und nach ihren Papieren zu fragen?

In Schlesien angekommen, erfand meine Mutter eine neue Variante. Ihr seien sämtliche Papiere bei einem Bombenangriff vernichtet worden. Sie hatte sogar in dieser Situation die Chuzpe, für ihren älteren Sohn, der sich derzeit im Protektorat Böhmen und Mähren aufhielte, Bezugsscheine für Möbel zu beantragen! Für mich, der ich in Theresienstadt einsaß ... Meine Eltern waren schon unglaublich. Für den Rest des Krieges hausten sie in den Wäldern, bis die Russen sie befreiten und sie wieder nach Berlin zurückkehrten. Dort zogen sie in eine kleine Wohnung in der Ringbahnstraße am Bahnhof Halensee. Als ich zurückkam, hatte mein Vater bereits wieder eine kleine Polsterei improvisiert.

Und dennoch war unsere Familie nicht mehr die alte. Mein Großvater Louis und seine Frau waren in Auschwitz-Birkenau ermordet worden; meine Lieblingstante Hanni war wie ihr Mann umgebracht worden. Von den restlichen Geschwistern meiner Mutter hatten zwei Deutschland verlassen – Arthur nach Bolivien, Trude nach England –, die anderen hatten mit viel Glück und Hilfe ihrer »arischen« Ehepartner überlebt. Ein paar meiner Cousins und Cousinen, Großonkel und Großtanten kamen jedoch nicht mehr zurück.

Meine Eltern, Jürgen und ich saßen jedenfalls wieder beisammen und konnten das fast nicht glauben. Bis heute kann ich nicht wirklich begreifen, daß ich das Inferno lebend verlassen konnte, während Millionen andere sterben mußten ... Warum sie, warum nicht ich?

Gleich am nächsten Tag machte ich mich auf die Socken, wollte meine alte Heimatstadt neu erkunden. Ich spazierte den Kurfürstendamm hinunter beziehungsweise da entlang, wo er vorher gewesen war. Die Stadt war ein einziger Trümmerhaufen, nur die Straßen waren inzwischen schon wieder halbwegs freigeräumt und passierbar. Doch die niedergebrannten und zusammengebrochenen Häuserreihen gaben ein gespenstisches Bild ab. Es war ein eigenartiges Gefühl, daß auch dies alles wirklich war – eine ganz andere Wirklichkeit als die, die ich auf meinem Weg durch die hermetisch abgeschlossene Welt der Lager erlebt hatte. Auch hier hatte das »Tausendjährige Reich« die Menschen in kürzester Zeit in Tod und Verzweiflung gestürzt, ganz gleich, auf welcher Seite sie gestanden hatten. In einer gewissen Weise empfand ich in jener Stunde der Heimkehr und den vielen folgenden Tagen, wie sich der tiefe Groll, die Verzweiflung, der Haß und die Ratlosigkeit, die sich in mir eingegraben hatten, wandelten. Inmitten der Schuttlandschaften und Trümmer, angesichts der suchenden Kreideaufschriften zerrissener Familien auf den zerborstenen Hauseingängen und der hungrigen, in den Ruinen spielenden Kinder begann eine ganz eigene Art von Erleichterung viele schwere Gedanken vorerst zur Seite zu schieben. Meine Eltern lebten, mein Bruder lebte, viele meiner Verwandten und ich – wir alle hatten überlebt, zusammen mit diesen »anderen« in einem verbrannten Land. Alle hatten wir unser Schicksal, und nur wenige hatten es leicht. Über allem und allen stand: Wir sind frei, das Leben kann und muß weitergehen. Alles Weitere würde sich finden. Das ging mir damals durch den Kopf, als ich offenen Auges den Kurfürstendamm hinunterlief.

An der Uhlandstraße entdeckte ich ein Schild, das mich neugierig machte. Da hatte ein pfiffiger Mensch bereits wieder eine Bar aufgemacht, die *Ronny-Bar*. Es wird niemanden überraschen, daß ich an der Tür nicht vorbeigehen konnte. Bully Buhlan und eine Menge alter Freunde von mir saßen dort und spielten, als wäre nichts geschehen. Sie hatten sich erzählt, daß ich wie viele andere im Lager umgekommen sei. Als ich den Laden betrat, wurde es schlagartig still. Sie starrten mich an wie einen Geist, als ich sie mit einem versucht lässigen Grinsen zwischen Unsicherheit und Frechheit begrüßte. Dann brach ein Getöse los. Was für eine Überraschung! Keiner von uns wußte sich in dieser Situation zu verhalten. Nach der stürmischen Begrüßung entstand eine gewaltige Verlegenheit, die zum Glück nicht allzu lange währte. Wir verständigten uns ohne große Worte und kommunizierten, wie wir es am besten konnten. Wir griffen zu den Instrumenten und spielten los.

Die Tage, die nun folgten, waren eine Erlösung für mich. Ich stürzte mich in die Umgebung, die ich vor zwei Jahren als kleiner Junge hatte verlassen müssen, und versuchte die lange, lange Zeit dazwischen erst einmal zu vergessen. Schon drei Tage nach der Rückkehr stand ich mit meiner Wandergitarre in der *Ronny-Bar* und spielte munter drauflos. Ich erzählte, wohin es mich verschlagen hatte, aber von dem zu berichten, was dort tatsächlich geschehen war, brachte ich nicht fertig. Gerade weil ich überlebt habe, konnte ich damals, kurz danach, nicht darüber sprechen. Mittlerweile kann ich darüber reden, aber erzählen, was wirklich war, kann ich nicht – dazu waren die Erlebnisse zu monströs. Da reichen Worte nicht aus. Wenn ich gefragt wurde, was passiert sei, winkte ich nur ab und sagte: »Theresienstadt, Auschwitz, Dachau. – Das glaubst du mir sowieso nicht.« Ich hatte das Gefühl, keiner würde verstehen können, was geschehen war. Ich selber konnte es ja nicht.

Außerdem hatte ich hier meine Freunde wiedergefunden, mit denen ich damals unbeschwerte Wochen verbracht hatte, und fühlte mich wohl unter ihnen, den Deutschen. Ich wollte auf keinen Fall, daß sie sich, wenn sie mich sahen, schämten für das, was mir und anderen in ihrem Namen angetan worden war.

In Wirklichkeit schämte ich mich für sie: daß schließlich auch in meinem – deutschen – Namen möglich gewesen war, was ich dann selber erleiden mußte. Lediglich die dünne Wand meines Judentums trennte mich von den Tätern und war zu meinem moralischen Halt geworden. So führte mich einer der ersten Wege zur Jüdischen Gemeinde, deren erneutes Mitglied ich wurde. In meiner Kindheit und Jugend hatte die Religionsgemeinschaft, der ich angehörte, keine große Rolle für mich gespielt. Aber als ich wieder dort stand, in Berlin, meiner Heimatstadt, immer noch nicht fassen konnte, was ich gesehen und erlebt hatte in Auschwitz-Birkenau, vor allem, daß ich dort wieder rausgekommen war, da sagte ich mir: »Wenn man mich schon zum Juden gemacht hat, na, dann bin ick ooch eener!« Jetzt erst recht. Zum einen aus Pietät gegenüber all den Menschen, die ich im Lager hatte sterben sehen, den vielen Freunden und Verwandten, zum anderen aus Trotz. Ich hatte überlebt, aber das war Zufall. Auch ich war dazu bestimmt gewesen, einer der Toten zu sein, einer von Millionen. Ich entschied mich wieder für den jüdischen Glauben, ohne dessen Lehre richtig zu kennen. Obwohl ich nach den Tagen am Lagertor nicht mehr an den Gott der Kirchen glauben kann, laufe ich heute bisweilen in den Wald und denke über all das nach. Manchmal treffe ich »ihn«, und wir verstehen uns. Nicht mehr – und nicht weniger.

Summertime

Es waren »elektrische« Wochen. Später hieß es in einer Fernsehsendung: »Soviel Anfang war nie!« Aber keiner wußte recht, was er tun und lassen oder wo er anfangen sollte. Die wenigsten begannen mit der Arbeit bei sich selbst. Erleichterung und Ratlosigkeit reichten sich die Hand. Auch ich stand mit gemischten Gefühlen mitten in der Stunde Null herum. Ich besaß ein Instrument und dachte nicht lange nach, sondern spielte einfach weiter.

Die Abende wurden lang in jenem Spätsommer – aufgrund der Ausgangssperre begannen sie meist schon nachmittags –, und sie sollten so schnell nicht kürzer werden. Unmittelbar nach Kriegsende eroberte sich die Musik den Boden zurück, den sie bis auf allerletzte kleine Inseln hatte aufgeben müssen. Die Menschen hatten seit dem offiziellen Tanzmusikverbot nach Stalingrad keine ausreichende »Versorgung« mit Unterhaltung mehr geboten bekommen und waren süchtig, zu tanzen und sich zu amüsieren. Sie wollten die Last der vergangenen Jahre zumindest für ein paar Stunden vergessen oder verdrängen. Jazz und Swing hatten überlebt und entfalteten wieder, hart angeschlagen, ausgegrenzt und eingedeutscht, die ihnen innewohnenden Freiheiten. All die Bars und Jazzkeller, in denen ich aufgewachsen war, lagen in Schutt und Asche, überall wurde improvisiert. Ein kleiner Schuppen nach dem anderen eröffnete wieder.

Den Alliierten war diese Enwicklung nur recht. Denn Jazz war »ihre« Musik, und ihnen kam jede gemeinsame Sprache und damit Einflußmöglichkeit nur gelegen, um die außergewöhnliche Situation der Menschen in Deutschland kontrollieren zu können. AFN, der amerikanische Rundfunk in Berlin, sendete aus einer mobilen Sendestation auf einem

Die ersten Jam-Sessions nach dem Krieg
Hans Nowak (b), Helmut Zacharias (v) und Coco Schumann (g)

Lastkraftwagen ununterbrochen die neuesten Nummern. Ella Fitzgerald, Louis Armstrong und Fats Waller swingten durch staubige Trümmerstraßen und über zerfallene Mauern; George Gershwins *Summertime* hatte in jenem August einen sensationellen Erfolg. Nicht nur für uns alle, für Deutschland, auch für die Musik begann eine neue Zeit.

Aber es war nicht einfach ein »Ausbruch« des Jazz. Auch hier hatte die Unterbrechung der letzten Jahre tiefe, unauslöschliche Spuren hinterlassen. Die Vergangenheit ließ sich ein wenig »verschieben«, aber nicht aufheben. Wir hatten während der letzten beiden Jahre der Diktatur wesentliche Elemente des eigentlichen Jazz-Gefühls verloren und den Kontakt zu neuen Entwicklungen nicht halten können. So bestand die jetzige Aufgabe darin, zu den neuen Ausprägungen der Musik – wie dem amerikanischen Bebop – aufzuschließen. Das war nicht ganz leicht, zumal das breite Publikum nicht nach Jazz verlangte, sondern nach Unterhaltung im allgemeinen und besonders im volkstümlichen

Ilja Glusgal (voc), Baldo Maestri (cl), Helmut Zacharias (v), Fritz Schulz-Reichel (p), Detlev Lais (s)

Sinne. Viele unserer Musikerkollegen konnten nicht zweigleisig »fahren« und wechselten in den folgenden Jahren, aus rein wirtschaftlichen Gründen, in das gefälligere Fach.

Erst einmal genoß ich aber schöne, wilde Monate der ungetrübten Lust, wieder spielen zu können, ganz gleich, ob Barmusik, Jazz oder anderes, für uns Neues und Ungewohntes. All das sog ich auf und versuchte nachzuholen, was mir die letzten Jahre verwehrt war. Mit Joe Glaser, unserem Schlagzeuger in der *Ronny-Bar*, hatte ich schon vor einiger Zeit im *Groschenkeller* zusammen gespielt. Nun saßen wir in seiner Wohnung und hörten auf AFN die aktuellen Hits, bis einer der Stromausfälle das Radiogerät zum Verstummen brachte. Darauf teilten wir uns im Dunkeln eine seiner Lucky-Strikes, und Joe brachte mich mit seinen Erzählungen aus der Szene wieder auf den neusten Stand der Dinge.

Der Schlagzeuger und Pianist Willy Kettel fragte mich, ob ich nicht bei den Russen spielen wolle. So zogen wir eines Nachmittags zur *Sommerlatte*, einem kleinen Laden neben

Baldo Maestri (cl), Hans Nowak(b), Helmut Zacharias (v),
Walter Dobschinski (tr)

dem *Friedrichstadt-Palast.* Dort spielten wir halbimprovisierte russische Musik und Tangos – für gute Gage: Wodka und ein paar Kartoffeln! Die Russen waren es, die mich zu dem Entschluß bewegten, für meinen Beruf ein wenig trinkfester zu werden, da sie uns oft mit ihren mehrstöckigen Wodkas unter die Tische geschickt hatten.

Am Abend des 22. August 1945 verließ ich munter und beschwingt die *Ronny-Bar*, spazierte den Kurfürstendamm hinunter und schaute mir die Menschen an. Plötzlich winkte mir von der anderen Straßenseite jemand zu. Zwei Mädels standen dort. Sie sahen sehr freundlich aus; es wäre wirklich unverantwortlich gewesen, nicht zu ihnen hinüberzugehen. Eine von ihnen, Bella Hirschfeld, kannte ich aus meinen Jugendtagen. Sie stellte mich sogleich ihrer Freundin vor, Gertraud Goldschmidt, der wiederum ich nicht ganz unbekannt war: »Sie waren in Theresienstadt und haben dort Schlagzeug gespielt, nicht wahr?«

Coco Schumann (g), Helmut Zacharias (v),
Fritz Schulz-Reichel (p)

Wir entschlossen uns, die Unterhaltung in ihrer kleinen Wohnung in der Dahlmannstraße fortzusetzen, und rauchten dort meine erspielten Zigaretten. Gertraud erzählte mir von ihrem Sohn Peter, der am nächsten Tag seinen fünften Geburtstag hatte. Der Vater des Jungen hatte sich seit der Geburt nicht mehr um die beiden gekümmert und war in seine ungarische Heimat zurückgekehrt, ohne einmal zu schreiben oder ein Paket zu schicken. Als 1942 die Deportation der Juden begann, konnte Gertraud ihren Sohn in einem katholischen Kloster in Sicherheit bringen. Die Nonnen dort kümmerten sich gut um ihn, während seine Mutter 1943 nach Theresienstadt geschickt wurde.

Auch sie hatte dort relatives Glück und konnte in der Küche arbeiten, bis sie im Herbst 1944 nach Wulkow verlegt wurde, in ein Arbeitslager nahe bei Berlin, das direkt Adolf Eichmann unterstand. Dort erlebte sie furchtbare Dinge. An einem kalten Novembertag wurde sie vom SS-Kommandanten Stuschka nackt in einen Splittergraben gesperrt. In diesen Gräben, Erdlöchern mit einer Holzabdekkung, konnten die Wachmannschaften Schutz vor herumfliegenden Granatsplittern suchen. Dort saß sie geschlagene zwei Tage und zwei Nächte und erfror sich die Finger. Sie überlebte nur mit knapper Not. Seit damals sind ihre Hände nie wieder richtig warm geworden.

Anfang 1945 kam sie noch einmal kurz in das fast leergeräumte Theresienstadt zurück. Sie erlebte dort das Ende des Krieges und das ganze Elend der anderen Lager, da die »Stadt, die der Führer den Juden geschenkt hatte«, nach der Befreiung noch einmal voll belegt wurde – als Auffanglager für die Überlebenden, die aus den anderen Höllen kamen.

Direkt nach ihrer Rückkehr nach Berlin konnte sie ihren Jungen endlich wieder in die Arme schließen, und nun saßen wir in ihrem Zimmer, am Vorabend seines Geburtstages. Ich wußte nicht, was ich zu ihrer Geschichte sagen sollte, griff in meine Tasche und fühlte dort die Wegzehrung, die mir meine Mutter an jenem Mittag mitgegeben hatte: eine Scheibe Brot mit »Leberwurst«, eines ihrer Patentrezepte aus Mehlschwitze, Zwiebeln und Majoran, und etwas Besonderes, was kaum zu erstehen war: ein schöner, rotwangiger, großer Apfel. Ich reichte Gertraud das Brot und bat sie, den Apfel Peter zum Geburtstag zu schenken. Seit jenem Abend sind wir zusammen – bis heute.

Nachdem ich mich Wochen damit über Wasser gehalten hatte, in kleine Kapellen einzelner Bars einzusteigen, bei den Russen Kartoffeln für meine Eltern und schwere Kater für mich zu erspielen, in »bürgerlichen« Kneipen an die Tische zu treten und Berliner Lieder, Wiener Schrammelmusik und Hamburger Melodien zu zupfen – wenn gewünscht, auch wieder *La Paloma* –, bekam ich einen guten Job in der *Greifi-Bar* in der Joachimsthaler Straße.

Der Besitzer hatte den Geiger Charlie Miller mit der Leitung der Kapelle beauftragt. Charlie »Hot« Miller, der Karl Müller hieß, war ein typisches Gesicht jener Tage und machte Schwarzmarkt-Geschäfte. Ich war ziemlich unbedarft und sah erstaunt, daß mitten in einem Stück seiner Band der Schlagzeuger die große Trommel aufschraubte und stangenweise Zigaretten verkaufte: das Stück für zehn Reichsmark! Die Stange brachte zweitausend Mark. Das gutgepolsterte unverdächtige Instrument hatte somit an manchen Abenden einen beträchtlichen Wert. Hot Miller handelte mit Brillanten und allem, was der Markt hergab. Jene Leute besaßen auf diese Weise in kürzester Zeit wieder erstaunlich viel Geld – im Gegensatz zu mir. So traf ich mich mit ihm und bat ihn um Rat, nachdem ich in einem Schaufenster in der Rankestraße eine Gitarre gesehen hatte, die mich bis in den Schlaf hinein verfolgte: eine wunderschöne Roger für fünftausend Mark. Hot Miller lächelte nur, kaufte sie und stellte sie mir für die Auftritte bei *Greifi* zur Verfügung. Mit der Zeit kam ich wieder ein wenig auf die Beine.

Dann klopfte es bei uns zu Hause an der Tür. Helmut Zacharias stand, aus der Gefangenschaft zurückgekehrt, davor. Wir begrüßten uns herzlich. Er fragte sogleich, ob ich bei ihm einsteigen wolle, denn er hätte vor, direkt wieder mit Swing und Jazz loszulegen. Noch hatte er keine Angebote, aber schon beste Aussichten auf die Fortsetzung seiner frühen Erfolge. Er bat mich und Millers Roger am nächsten Tag zu sich nach Hause an den Hohenzollerndamm, legte mir eine verhältnismäßig schwere Gitarrenstimme auf die Bettkante und sagte: »Wenn du das spielen kannst, bist du engagiert.«

Es war *Holiday for strings* und gefiel mir auf Anhieb. Ich spielte gut, er war einverstanden und zerstreute meine letzten Bedenken. Immerhin verdiente ich bei *Greifi* nicht schlecht, bekam viele Trinkgelder und hatte vorgehabt, dort erst einmal zu bleiben. Aber ich schlug ein. Doch was war mit der Gitarre? Die Lösung des Problems nahm Helmuts großartige Frau Hella in die Hand. Sie versetzte kurzerhand ihren Familienschmuck, traf sich mit Hot Miller, zahlte ihm die fünftausend Mark und erstand die Roger für mich. Später zahlte ich ihr das Geld nach und nach von meinen Gagen zurück. Eine magere, aber äußerst anregende Zeit folgte.

Der Berliner Rundfunk und spätere SFB stand damals unter russischer Verwaltung und organisierte für viele deutsche Tonkünstler kleine Tourneen. Wir tingelten mit einer bunten Mischung, unter ihnen Hermann Held und Brigitte Mira, in offenen Lastwagen durch die sowjetische Zone und freuten uns besonders, wenn wir bei schlechtem Wetter einen Bus bekamen.

Wir stiegen am Funkhaus in der Masurenallee ein und fuhren los, Richtung Neuruppin. Unterwegs machten wir Halt an einer Dorfgaststätte, die voller angeheiterter Russen war. Die »Einladung« zu einem kleinen Umtrunk konnten wir nicht ausschlagen. Was die Sache etwas schwierig machte, war der vorhandene Sprit, ein fürchterliches Blindenwasser namens Alkolat, von dem keiner mehr wußte, woraus es gemacht war. Hermann Held – sein Wahlspruch war: Hermann Held, was er verspricht! – machte den verhängnisvollen Fehler, mit ein paar Kartenkunststücken den bevorstehenden allgemeinen Absturz abwenden zu wollen. Das Ergebnis war: Er allein wurde zum Trinken aufgefordert, die Russen füllten die Wassergläser randvoll. Am Ende konnte er beim besten Willen nicht mehr. Höflich überzeugte einer der Russen ihn mit gezogener Pistole davon, doch besser weiterzutrinken ... Selten zuvor habe ich einen Menschen so betrunken gesehen, an einen Auftritt war nicht mehr zu denken! Mit den Russen hatten wir viel Vergnügen, auch wenn es nicht ungefährlich war; wir mußten aufpassen.

Wir spielten in einer Kneipe, auf einer Veranstaltung der unter russischer Führung erscheinenden Zeitung *Neues*

Hella und Helmut Zacharias mit Coco Schumann
nach einem Pfingstkonzert um 1947

Rex Casino
Fritz Remde (b), Coco Schumann (g)

Jam-Session in Berlin, 1947
Coco Schumann (g), Heinz Ahlisch (cl)

1946

Deutschland. Zwei Uniformierte wünschten sich verschiedene Stücke, einer einen Tango, der andere eine Polka. Die Situation wurde unheimlich. Ein heftiger Wortwechsel folgte, wir wußten uns nicht recht zu verhalten. Uns war nicht klar, wer von den beiden der Ranghöhere war. Schließlich gab er sich zu erkennen. Er zog seine Pistole, trat vor die Bühne, zielte auf mich, sein tiefer Baß entschied den weiteren Verlauf des Abends: »Polka!«

Die Gage bei den Russen war gut und nahrhaft. Wir bekamen jeder neben der obligatorischen Flasche Wodka einen ganzen Zentnersack Kartoffeln. Freilich nahm die nächste russische Kontrolle uns ein paar Säcke wieder ab, aber es war noch immer sensationell viel. Geld gab es hingegen kaum. Manchmal hatte ich nicht einmal die zwanzig Pfennige, um mit der Bahn zur Masurenallee zu fahren, und stiefelte mit meiner Gitarre quer durch die staubige Stadt.

Die ersten Jobs bei den Amerikanern, im Tempelhofer Offiziersclub, veränderten die Lage gründlich. Jeder von uns erhielt eine ganze Stange Zigaretten. Das war phänomenal, ich konnte damit eintauschen, was ich wollte. Von nun an ging's bergauf. Helmuts Swingkompositionen und unsere Arrangements kamen überall gut an. Auch die Amerikaner und Engländer akzeptierten sie als eigenständige, neue Entwicklung des deutschen Jazz. Zudem bekamen sie ja unsere Vorliebe für amerikanisch geprägte Stücke zu spüren.

An ein besonderes Ereignis erinnere ich mich leider nicht mehr allzugut im Detail; es ging in der Vielfalt der Erlebnisse jener Tage beinahe unter. Schon im September 1945 war die Berlinerin Marlene Dietrich für ein paar Tage in ihre Heimatstadt zurückgekehrt. In der Presse erschienen damals ein paar Bilder über ihre Ankunft auf dem Flughafen Tempelhof, in amerikanischer Offiziersuniform und mit ihrer berühmten »singenden« Säge unter dem Arm. Zur Truppenbetreuung in Süddeutschland und Frankreich unterwegs, hatte sie erfahren, daß ihre Mutter in Berlin lebte. Man arrangierte ein spektakuläres Wiedersehen, das bei vielen Deutschen allerdings kein Echo fand. Ihre große Marlene war zur Persona non grata geworden, zur Verräterin an ihrem Land. Die anhaltende Empörung war ein erschütterndes Zeichen für den Stand des Bewußtseins in dem zerbombten Land.

Auch als die Mutter, Josefine von Losch, zwei Monate später starb, fand die Anwesenheit des zur Beerdigung angereisten Stars nur geringe Beachtung. Nicht weiter bekannt wurde ein Konzert der Dietrich Anfang 1946 für den amerikanischen Special Service im *Titania Palast*. Nur ihr guter Freund aus alten Tagen, der Schauspieler Hubert »Hupsi« von Meyerinck, war über die durch Rolf Italiaander organisierte Show *Swell Fair* informiert – und die beteiligten Musiker, zu denen ich zählte.

Die Atmosphäre im Saal war aufgeladen und begeistert; die Soldaten vergötterten ihre Marlene nicht weniger als das gesamte Amerika. Für mich hatte sie diesen Status noch nicht erreichen können, denn vor ihrer Emigration 1934 hatte ich mich nicht für *Blaue Engel* interessiert und seither keine Gelegenheit gehabt, sie kennenzulernen. Als sie die Bühne betrat, verstand ich schlagartig den Grund für ihren Ruf. Hocherhobenen Hauptes schritt sie in ihrem kurzen Uniformrock nach vorne an den Bühnenrand, setzte langsam eines ihrer berühmten Beine vor das andere, der Saal verstummte, und dann sang sie jene Lieder von Friedrich Hollaender, die sie aus dieser Stadt nach Amerika mitgenommen und mit denen sie ihren Weltruhm begründet hatte. Sie hatte sie zwar unterdessen unzählige Male zum besten gegeben, bei prächtigen, großen Anlässen in Hollywood und in unter deutschem Panzerbeschuß liegenden und im Schlamm versinkenden amerikanischen Unterständen, in glitzernden Sälen und stinkenden Lazaretten, doch dieser Abend in ihrer Heimatstadt war alles andere als Routine. Die vollkommen scheinende Dietrich konnte ihre Gefühle nicht verbergen.

Den Berlinern war die kleine Sensation fast verborgen geblieben, sie interessierte auch kaum jemanden. Lediglich die *Melody-Illustrierte*, eine Zeitschrift für Musikfreunde, erinnerte Monate später auf einer Sonderseite über mich an das Konzert. Die Zeitschrift wurde übrigens herausgegeben von Gert Froboess, Komponist und Vater einer Tochter namens Conny, die schon bald ein ganzes Land aufforderte, die Badehosen einzupacken.

Die Musiklandschaft wandelte sich erneut. Ich mußte mich umorientieren und begann, im eigenen Stil ganz neue Perspektiven zu sehen. Auch der populäre Bereich setzte auf zeitgemäße Formen der Unterhaltung und trat in eine gewisse Distanz zu der Musik der Vorkriegszeit. Mit dem Tod von Paul Lincke im September 1946 schloß sich symbolisch ein Kapitel Berliner Musikgeschichte.

Die Zeit verging heftig und lebenswert. Ich floh in die Musik und hatte keinen Augenblick, oder wollte keinen haben, mich in Haß oder Verbitterung fallenzulassen. Am 1. Oktober 1946 sprach der Internationale Gerichtshof in Nürnberg das Urteil über zweiundzwanzig der Hauptangeklagten im Prozeß gegen Verantwortliche des »Dritten Reiches« und verhängte zwölfmal »Tod durch den Strang«. Mit welchen Gefühlen ich diese Nachrichten damals aufnahm, kann ich nicht mehr sagen. Wirkliche Genugtuung kam nicht auf. Alle Menschen, die an vermeintlich »großen« historischen Ereignissen persönlich teilgenommen, sie erlebt oder erlitten haben, wissen, daß diese im Moment des Geschehens ganz anders wirken. Hinter der größten Geschichte, der größten Freude oder dem größten Grauen steht der kleine, im Moment banale Alltag. Geschichte spielt sich in den Büchern ab, ansonsten ist das Leben halt das Leben, mit Versöhnen, Verdrängen und Vergessen. Auch ich hatte meine kleinen – erfolgreichen – Fluchten.

Beim Rundfunk waren wir damals alle schwer gefragt. Auch der spätere RIAS, der noch DIAS hieß, Drahtfunk im amerikanischen Sektor, sendete von Lastwagen aus; seine Aufnahmeräume lagen in einer Fabrik am Bahnhof Schmargendorf. Dort traf ich viele alte Bekannte und spielte sowohl mit Fred Oldörp, der die »Drei Travellers« leitete und mit *Ich hab noch einen Koffer in Berlin* einen wahren Hit landete, mit Fritz Schulze – der sich später Schulz-Reichel nannte und als »verstimmter Pianist« und »schräger Otto« ins komische Fach wechselte – und mit dem großartigen Klarinettisten Detlef Lais, einem Schüler von Ernst Höllerhagen. Die Besetzungen der Gruppen wechselten oft von Aufnahme zu Aufnahme. Nur Helmut und ich blieben uns treu, ob nun bei »Helmut Zacharias und seine Solisten« oder im schnell sehr bekannten Helmut Zacharias Quartett. Wir spielten viele Klassiker wie Gershwins *Liza, Lady be good* und *I got rhythm*, aber meistens Helmuts eigene Stücke wie *Lucky Strike* und den *Swing 46*. Auch ich steuerte eine erste Komposition bei, *Stoplicht*, die aber unter Helmuts Namen lief, da ich nicht Mitglied der GEMA war.

Im Rundfunk hörte ich damals oft eines meiner größten Vorbilder, den amerikanischen Gitarristen Charlie Christian. Er brachte einen mir bis dahin unbekannten Ton ins Spiel, der mich zuerst nur neugierig machte, doch bald schon faszinierte. Im Sommer 1946 traf ich mich mit Roger Roßmeisel; sein Vater, der Gitarrenbauer Wenzel Roßmeisel, hatte seine bekannten Instrumente nach ihm benannt. Bei der Gelegenheit fragte ich ihn nach diesem irren neuen Sound. Er wußte sofort Bescheid und klärte mich auf über Tonabnehmer, Verstärker und die Möglichkeit, den Klang

Helmut Zacharias Quartett
Rudi Bohn, Hans Nowak, Helmut Zacharias, Coco Schumann

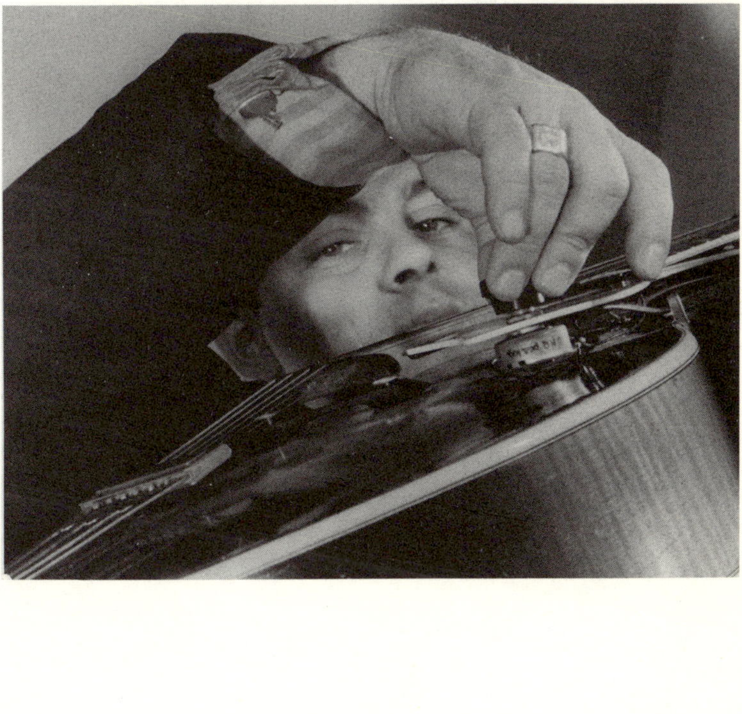

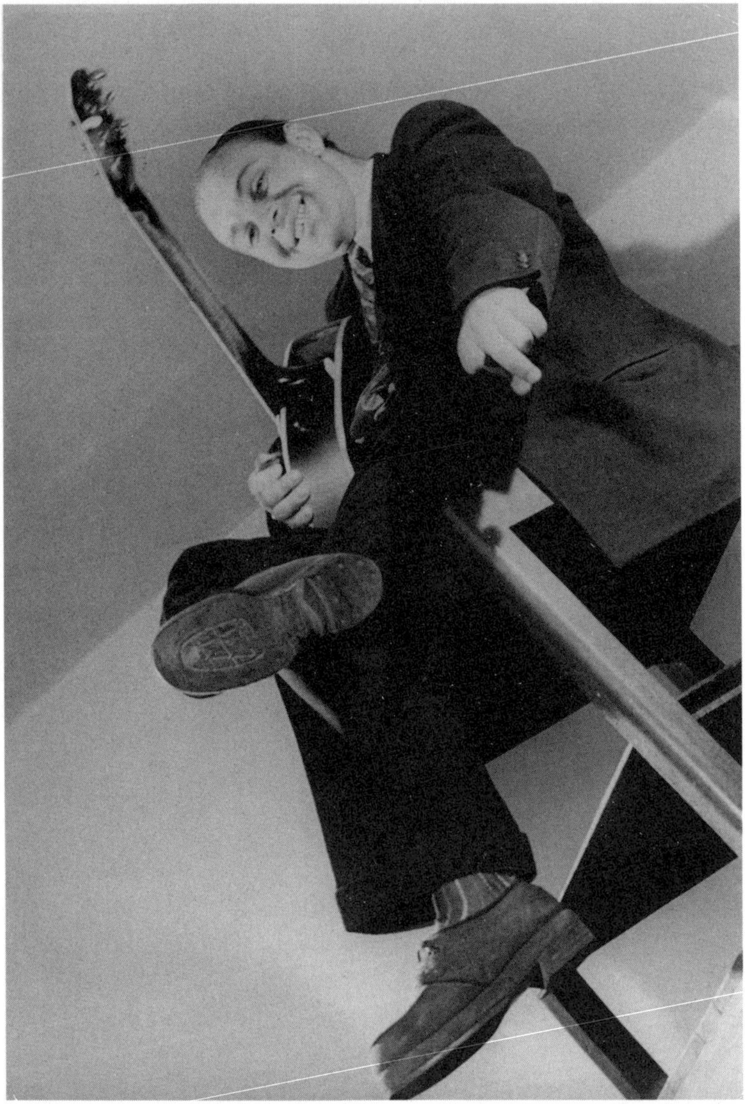

um 1947

der Saiten elektrisch zu beeinflussen. Da er selbst bereits mit diesen Dingen experimentierte, die für mich nur böhmische Dörfer waren, fragte er mich geradeheraus, ob er mir ein solches Exemplar bauen solle. Mit Spannung im Bauch überantwortete ich ihm meine geliebte Gitarre, mit der er sich ja bestens auskannte. Material zum Basteln lag in jenen Jahren genug in der Gegend herum. Er nahm sich einen alten Wehrmachts-Kopfhörer, baute die Magneten aus, tropfte Stearin in eine kleine Blechschachtel und drückte die Magneten hinein – ein astreines modernes Instrument. Der Bassist von Helmut Zacharias, Eugen Petrovich, ein bulgarischer Elektriker, fertigte mir dazu einen Verstärker an, ebenfalls aus altem Kriegsmaterial. Wenn der gelegentlich anfing zu stark zu pfeifen, mußte ich ihm einen kleinen pädagogischen Tritt ans Gehäuse geben. Ich wurde – meines Wissens nach – der erste Musiker Deutschlands, der mit einer elektrischen Gitarre auftrat. Sie war ein absoluter Knüller, und mein neuer Sound kollidierte nicht mit Helmuts Musik, im Gegenteil. Das Publikum war begeistert von diesem zeitgemäßen Instrument, dem Vorboten einer neuen, leichteren Welt.

Unser Erfolg festigte sich. Nach Livesendungen bekamen wir bald Berge von Fanpost. Nur mit der Bezahlung stand es oft nicht zum besten, aber der Trubel entschädigte uns dafür. Schließlich bekamen wir »harte« Währung: Zigaretten.

Im Herbst 1946 wurden wir für die englische Revue *Streamline Express* engagiert. Mit den anderen für die Engländer tätigen Artisten wohnten wir in Winsen an der Luhe und fuhren von dort aus mit Autobussen zu zahlreichen Flugplätzen und Kasernen.

Daß wir keine Probleme mit den sogenannten Besatzungsmächten hatten, zeigte sich im stetigen Wechsel unserer Arbeitgeber. Gleich anschließend an den *Streamline Express* wurden wir von den Amerikanern für das Rießersee-Hotel oberhalb von Garmisch-Partenkirchen engagiert – nicht weit von Wolfratshausen entfernt, dem Ort, an dem ich meine Freiheit wiedererlangt hatte. Das Hotel gleich neben der Zugspitze war ein Erholungsheim für überarbeitete GIs. Zusammen mit ihnen kamen wir in den Genuß eines echten Winterurlaubs.

Die kleine Sensation war, daß wir im Hotel selber untergebracht wurden und die einzigen Deutschen waren, denen der Zutritt gestattet war. Man hatte uns bei einer Audition in Heidelberg ausgesucht und offensichtlich für besonders gut befunden, denn wir bekamen vollen Service, Offiziersverpflegung und als Sonderzuteilung sogenannte PX-Rationen an Zigaretten und Würsten, ferner Lebensmittelkarten der Gruppe A, für Schwerstarbeiter. Andere Gruppen erhielten Karten der Gruppe B für schwere Arbeiten, der Rest lediglich C-Karten für »normale« Belastung. Wir spielten wie Schwerstarbeiter und waren jeden Samstag beim AFN auf Sendung, live aus dem Hotel. Unten in Garmisch spielte Maxl Greger im Hotel zur Post, dort war es nicht ganz so komfortabel … Immerhin regierte »draußen« der Hunger, der Winter machte den Menschen schwer zu schaffen.

Für mich waren diese Tage im Gebirge die erste Entspannung nach all den Jahren, der erste konkrete Traum vom ausreichend versorgten und anerkannten Leben. Ich fühlte mich wohl. Im nachhinein denke ich, die bevorzugte Behandlung war ein kleiner Ausgleich für die Härte meiner letzten Jahre. Wahrscheinlich wußten die Amerikaner darüber Bescheid. Nach Weihnachten faßte ich mir ein Herz und fragte, ob Gertraud nachkommen könnte. Sie bekam direkt einen »Travel-Order« geschickt, einen militärischen Reisebefehl, gab Peter bei dessen Tante ab und reiste in einem alliierten Zug an. Wir verbrachten ein unglaublich schönes Silvester. Gertraud und ich kamen dabei – einige Zeit vor unserer Hochzeit – erstmalig zu einem angemessenen Doppelbett.

Riders in the sky

Am Pfingstsonntag 1947, nach einer wilden durchspielten Nacht, war unsere Gang für eine Matinee im *Puhlmann-Theater* im Osten der Stadt engagiert. Wir spielten als eine der ersten Nummern vor der Pause. Nach dem Frühstück ging es zum Berliner Rundfunk, wo wir um sechzehn Uhr eine Stunde live zu Tee und Tanz über den Äther dudelten. Dann folgte eine kleine Pause für Stärkungen in flüssiger Form, bevor wir um zwanzig Uhr zur Generalsparty im Zehlendorfer *Harnack-Haus* antraten, um Stimmung zu machen. Nach ein paar Runden fuhr ein gewaltiger amerikanischer Straßenkreuzer vor, gesteuert von einem livrierten Chauffeur, der uns zu einer Nachtvorstellung in einen Laden im Wedding brachte. Der Chauffeur wartete brav im Wagen, während wir reinhauten, und kutschierte uns anschließend wieder zurück zur Generalsparty, die wir bis fünf Uhr morgens begleiteten. Ich weiß nicht mehr, wie ich nach Hause kam! Dabei war das ein durchaus typischer Tagesablauf, der es fast notwendig machte, daß ich bei meinen Eltern wohnte, die mir viele Belange des Alltags abnahmen.

Im Frühjahr 1947 stand eine kleine Veränderung bevor, da unsere Band, mit Rudi Bohn am Piano, Eugen Henkel am Saxophon und Hans Nowak als Bassisten, für eine ganze Saison, von Mai bis Oktober, an den Timmendorfer Strand engagiert wurde: in die berühmt-berüchtigte *Al Sibarita-Bar*, einem Pavillon mit Blick auf die Ostsee, in dessen Keller sich später das nicht minder legendäre *Kuddel Daddeldu* befand. Heute sieht man an seiner Stelle nur eine betonierte Bodenfläche, nebenan ragt das gewaltige Maritim-Hotel empor.

Schon damals galt Timmendorf als besonderer Ort, als Tummelplatz für Musikbegeisterte und Neureiche, für alle, die sich wieder oder immer noch leisten konnten, die neue Zeit schwungvoll und hemmungslos zu feiern. Für uns war es ein wirklich exquisiter Job, bei dem wir nur selten das Tageslicht sahen. Wir standen nachmittags auf und frühstückten, probten und spielten ab neun oder zehn Uhr abends – bis morgens um sechs, manchmal bis acht. Dann setzten wir uns kurz in die Ausnüchterungsbrise an den Strand, bevor wir in den Betten verschwanden.

In dieser Zeit begannen Hella und Helmut Zacharias eine noch größere Bedeutung in meinem Leben zu spielen. Hella kümmerte sich rührend um uns, mit allen Problemen und Nöten konnten wir zu ihr kommen. Um mich speziell sorgte sie sich besonders. Einen solchen Menschen brauchte ich, als eine Bar wie die *Al Sibarita* mir zum Wohn- und Arbeitszimmer wurde, obwohl ich mir nicht ganz klar war, wohin das alles führen sollte. Es war ein recht prächtiges Wohnzimmer, mit einer Unzahl roter Plüschsessel, einer äußerst schwungvollen topschicken Innenarchitektur und einer Bar vom Allerfeinsten. Dementsprechend war die Kundschaft, von Hamburger Schiebern bis zu den Fabrikanten der ersten Stunde.

Einer der begehrtesten Gäste der Timmendorfer Bars hieß Waldmann und machte schon damals wieder in Stahl. Er war eine beeindruckende Persönlichkeit, die mit Geld nur so um sich warf. Eine große Silberplatte in seinem Schädel verbarg eine Kriegsverletzung. Wenn er mit seiner Frau, einer enorm großen, derben Walküre, auf der Rolle war, riefen sich die Barbesitzer gegenseitig an und warnten sich vor. Dann stürmten die beiden in den Laden, er kam gleich zur Bühne und drückte uns ein phantastisches Trinkgeld in die Hand. War er angetrunken, konnte er vor der Bühne auch schon mal lang hinschlagen und Scheine um sich herum auf dem Boden verteilen. Danach schlingerte er meist zur Bar, um dem

Helmut Zacharias und seine Solisten am Timmendorfer Strand
Rudi Bohn, Helmut Zacharias, Eugen Henkel, Kurt Grabert,
Coco Schumann, Klaus Dillmann

Mit Traute am Timmendorfer Strand

Mixer zu eröffnen, er hätte Feierabend. Er eroberte die Bar, hantierte mit den Flaschen und Mixbechern, daß es eine Freude war, und bereitete eine ausgefallene Lage nach der anderen für das ganze Lokal – nach Farben. Erst alle Getränke in Lila, dann in Grün und Gelb ... Das mußten wir stets auf ex trinken, was vielleicht besser war!

Nach solchen Touren waren wir regelmäßig bester Laune, und Rudi Bohn machte mitsamt seinem umgeschnallten Akkordeon vor Freude einen Kopfsprung in die Ostsee. Waldmanns Frau hingegen hatte sich schnell und unsterblich in Helmut verknallt und wollte ihn mit allen Mitteln besiegen. Ich sehe vor mir, wie er eines Morgens die Flucht von der Bühne ergriff, sie hinter ihm her ins Freie stürmte und ihn quer durch das benachbarte kleine Wäldchen jagte – ein göttliches Bild! Aber sie hat ihn nicht gekriegt.

Mehrmals gingen wir in der Zeit auf die sogenannten Hoffmeister-Tourneen durch die englische und amerikanische Zone, organisiert von der Mannheimer Agentur Hoffmeister. Manch abenteuerliche Situation ergab sich, wenn wir von Berlin aus durch die russische Zone geschleust wurden, auf Armeelastwagen, in englischen Uniformen und ohne Transitpapiere. Mit den Militärs hatten die Russen ihre Abkommen, aber als Zivilisten durften wir nicht ohne weiteres die Besatzungszonen kreuzen. Die vier Mächte waren sich nicht so zugetan, daß sie sich die besten Künstler gegenseitig gerne überließen. Wir wurden jedenfalls geschmuggelt wie Whiskyfässer zu Zeiten der Prohibition. Hella Zacharias war mit dabei und sogar ihre damals etwa dreijährige Tochter Sylvia, der, unter Decken versteckt, bei Kontrollen der Mund zugehalten wurde, damit sie uns nicht verriet.

Auf diesen Tourneen traf sich eine bunte Mischung verschiedenster Künstler. Werner Veidt, Iska Geri und Theo Lingen spielten Sketche, Gert Fröbe, dünn wie ein Hering, trat als »Frau von gestern« auf und rezitierte Erich Kästner und Christian Morgenstern. Camilla Horn zeigte sich von ihrer besten Seite, Rudi Bohn gab den *Hummelflug*, Lingen sang Chansons, Lale Andersen verschiedenes, die Geri »alles Mögliche und Unmögliche«, und zwischendurch spielte Helmut Zacharias mit seinen Solisten: Rudi Bohn am Piano, Klaus Dillmann am Baß, Kurt Grabert an Schlagzeug und Vibraphon und icke. »Zwei Stunden heiterster Laune« verkündeten die Programme, »Meisterabende froher Unterhaltung«. Wir bemühten uns redlich, die Versprechungen wahr zu machen.

Am lustigsten war es hinter der Bühne. Mit Gert Fröbe, der nebenbei ein guter Musiker war – studierter Geiger –, verstanden wir uns großartig. Mit dem begnadeten Theo Lingen verband mich hingegen eine eigenartige, stille Zuneigung. Er war äußerst intelligent, todernst und zurückhaltend, wie alle wirklich guten Komiker. Von dem ganzen Trubel, den wir veranstalteten, hielt er sich fern. Sogar wenn wir auf unseren Autobusfahrten eine Pause einlegten, begleitete er uns nicht in die Gaststätte. Er fürchtete sich geradezu davor, daß die Leute zu wiehern anfingen, sobald sie ihn zu Gesicht bekamen. Während wir herumsaßen und uns erfrischten, lief er schon voraus, tippelte alleine die Landstraßen entlang und pfiff sich eins. Später gabelten wir ihn wieder auf und brachten ihm seine Verpflegung mit.

Nachdem wir öfter zusammen auf der Bühne gestanden hatten, kannten wir uns ein wenig und verstanden uns, ohne viel zu sagen. Er nannte mich »Herr Jakobi«, ohne daß ich je erfahren habe, warum. In Bad Pyrmont klopfte er einmal an die Tür meines Hotelzimmers und sagte: »Herr Jakobi, möchte Sie doch bitten, mit mir Kaffee zu trinken; meine Frau kommt mich besuchen.« Seine Frau war Opernsängerin – und Jüdin. Es wurde ein sehr herzlicher Nachmittag. Den Grund für die Einladung hat er nie erwähnt, aber ich glaube, er kannte meine Geschichte. Mit der Zeit verwendete er ein paar meiner Witze, worauf ich unglaublich stolz war. Ich tröstete ihn dafür an dem Abend, als seine Tochter Uschi ihren ersten Auftritt in Berlin hatte und er selber bei dem Gedanken daran unter solch hohem Lampenfieber litt, daß er kaum auftreten konnte.

Ich trug, seit wir etwas Geld verdienten, todschicke amerikanische Ringelsocken. Theo Lingen fragte mich: »Woher haben Sie denn diese seltsamen Socken? Ach, aus Amerika ... Schrecklich, schrecklich!« Später stand er vor uns an der Bühnenkante und sang vor dem tobenden Publikum seinen *Theodor im Fußballtor*. Mittendrin drehte er sich plötzlich zu mir um, grinste leise und zog sein rechtes Hosenbein ein wenig hoch – Ringelsocken!

Die Hoffmeister-Tourneen und unser Engagement am Timmendorfer Strand hatten uns schon oft nach Hamburg ge-

Helmut Zacharias Quartett
Coco Schumann, Helmut Zacharias, Manfred Hausknecht, Hans Nowak

führt, wir waren dort beileibe keine Unbekannten mehr. Wir fanden die Stadt attraktiv; so zögerten wir nicht lange, als der Nordwestdeutsche Rundfunk dem Helmut Zacharias Quartett ab September 1948 einen Pauschalvertrag anbot. Im August zogen wir um.

Die Rundfunkarbeit sicherte uns erstmals ein regelmäßiges gutes Einkommen, und Hella Zacharias kümmerte sich wieder einmal um den Rest. Sie handelte sogar bei finanziellen Engpässen Rabatte bei den Lebensmittelläden für uns aus! Acht Sendungen hatten wir im Monat einzuspielen, einige davon vier Stunden lang, und zahlreiche einzelne Titel zusätzlich. Das war Arbeit, aber sie animierte mich auch, mir einen lange erträumten Wunsch zu erfüllen.

So gut ich mit Helmut stand, ich hatte gelegentlich einen freundschaftlichen Neid in mir, daß er schon als »Wunderkind« hatte studieren dürfen, während mir eine vernünftige musikalische Schulausbildung versagt geblieben war. Ich wollte zumindest herausfinden, ob eine Ausbildung mich weiterbringen konnte, und meldete mich am 1. Oktober 1948 am Konservatorium der Musik zu Klein-Flottbek an: für die Klassen »Gitarre« und »Harmonielehre« bei Fräulein Züchtig, die ihrem Namen alle Ehre machte.

Ich lernte dort sehr viel, aber nicht sehr lange. Die Studienkurse waren wesentlich kürzer als heute, und ich erhielt in relativ kurzer Zeit eine klassische Konzertausbildung. Tatsächlich hatte die mir bisher gefehlt; mein Instrument bekam plötzlich ganz neue Dimensionen für mich. Bei der Klassik wollte ich aber dennoch nicht bleiben. Meine Musik hatte ihre Wurzeln mehr in den schon lange zurückliegenden Stunden auf der Mauer vor dem *Delphi*, in den aus den Ventilatoren herausklingenden verbotenen Tönen, in den allzuwenigen Besuchen bei Hans Korseck und in den verqualmten schönen Stunden der diversen ersten Male. Das Feeling, dieses unbestimmbare Etwas, hatte mich zu dem gemacht, was ich war. Das konnte nur bedingt durch Schulbildung ergänzt werden. Es muß sich ständig aus sich selbst heraus weiterentwickeln – bis heute.

Mitte März 1949, kurz nachdem Joe Louis seinen zwölf Jahre verteidigten Weltmeistertitel im Schwergewicht und ich meine Hamburger Verträge niedergelegt hatten, kehrte ich zur Freude Gertrauds, meiner Eltern und des inzwischen siebenjährigen Jürgen nach Berlin zurück. Ich verstand mich recht gut mit meinem Bruder, unser Verhältnis hat sich bis heute erhalten. Aber der Unterschied von achtzehn erlebnisreichen Jahren hat unsere Beziehung schon stark beeinflußt. Wir haben nie wie Brüder zusammen gespielt. Aber wir freuten uns riesig, wenn wir uns sahen – was leider nicht häufig war in jener Zeit.

Die Monate, die folgten, waren Kraut und Rüben. Ich spielte auf allen Bühnen der Stadt, das waren nicht wenige. Allein im Viertel von Kurfürstendamm und Zoo waren Hunderte von Musikern beschäftigt, die sich ihre verwundete Seele aus dem Leib spielten. Die Schutthaufen waren nicht beseitigt, die Not wollte von vielen Menschen nicht lassen, aber nachts kochte wieder die Luft.

Eine der elegantesten Lokalitäten Berlins befand sich in der Rankestraße, die *Ciro-Bar*. Ihr Besitzer Fritze Brandenburg, ein früherer Oberkellner und Eintänzer, hatte sich am Ende des Krieges säckeweise Geld aus den allerorten offenstehenden Tresoren geholt, hatte Teppiche und Gemälde »eingesammelt« und nach der Stunde Null einen guten Umsatz damit gemacht, den er in der atemberaubenden Innenausstattung seiner Bar anlegte. Und als wenn es – gleich unserem Erlebnis mit Waldmann in der *Al Sibarita-Bar* – dazugehörte, verkehrte hier ein Stammgast, der den Barmixer auf die Strafbank schickte und denkwürdige Cocktailrunden zusammenschüttelte: Curd Jürgens in Aktion.

Fast täglich spielte ich bestimmt acht Stunden lang, wie ein Kumpel im Ruhrgebiet: abends rein in die Zeche und morgens um fünf wieder raus. Meist schaffte ich nicht den Weg nach Hause, denn nach dem Spielen war ich so aufgedreht, daß das keinen Zweck hatte. Also trafen wir uns in finsteren Kneipen, zum stundenlangen Ausklang in der Gemeinschaft von Kollegen, Schiebern, Prostituierten, Zuhältern und Zockern. Viele von uns reinvestierten sogleich ihre Gage am Spieltisch, die einzige Ausschweifung, von der ich mich stets ferngehalten habe. Meine Eltern waren zu arm und ich zu sehr mit ihnen verbunden, als daß ich mein Glück sogleich wieder aufs Spiel gesetzt hätte. Als kapelleninterne Bank aber hatte ich durchaus meine Funktion bei dieser Unternehmung: Fast jeden Abend kamen die Kollegen und pumpten sich ein wenig bis zur nächsten Gage.

Anfang 1950 fühlte ich mich in meinem Beruf endlich sattelfest und akzeptiert. Öffentliches Lob häufte sich wohltuend auf mein Haupt. Eine große Musikzeitschrift namens *Viervierteltakt* veröffentlichte regelmäßig mit dem Jazz-Poll eine Art Bestenliste der deutschen Jazzmusiker. Dort fand ich mich plötzlich mehrmals hintereinander an erster Stelle der Gitarristen.

Ich versuchte in Berlin eine eigene Band auf die Beine zu stellen. Helmut Zacharias war in Hamburg, und seine Erfolge überschlugen sich. Mit seinem neuen Sextett und vielen Besetzungsvarianten spielte er in der *Erholung*. Wir machten also ein wenig Pause voneinander, was unserer Freundschaft keinen Abbruch tat. Einer der ersten Auftritte meiner neuen Band war eine spektakuläre Jam-Session in der *Femina*, Nürnberger Straße, in einem siebenstündigen Programm mit Solisten des Freddy Brocksieper Star-Quintetts, der Mischka-Combo, dem Rediske-Quartett, dem Joe Glaser-Boptet und anderen. Da stand, zwischen all den großen

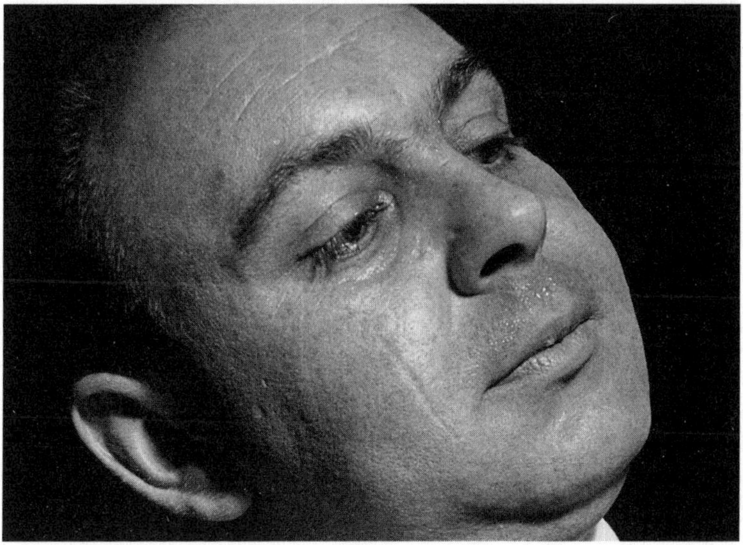

Namen, »Coco Schumann-Combo« auf dem Plakat. Ich war schon ziemlich stolz.

Es war die Zeit des »Kapellen-Wettstreits« unter dem Motto *Swing Heil*, das etwas ironisch die Erleichterung über die neue, alte Freiheit zeigte. Tanzmusikgruppen wetteiferten nächtelang miteinander in Foxtrott, Boogie, Swing und allem, was die Moden hergaben. Einen Monat später waren wir bereits wieder engagiert, zusammen mit dem Trio des schnell bekannter werdenden Botho Lucas und zu meiner besonderen Freude mit dem altbekannten Tanzorchester von Lubo D'Orio, der 1941 vorne im *Uhland-Eck* gespielt hatte, als ich meine jugendlichen Gehversuche als Musiker machte. Viele der ehemaligen Jazzer und Swinger hatten mittlerweile in den Bereich der Unterhaltungsmusik gewechselt. Doch in dieser Zeit war das für uns kein Problem. Wir trennten nicht, sondern spielten alles nebeneinander. Meine Combo brachte Klassiker wie *What is this thing called love, Body and soul* und *Lester leaps in*, während unsere Freunde die Schlager

Im *Friedrichstadt-Palast* 1946/47
Hans Jung, Coco Schumann, Werner Neumann, Kurt Abraham, Ilja Glusgal, Joachim Holtz u. a.

sangen, die damals die Hitlisten erkletterten: *Kleiner Boy aus Porto, Ich muß mich mal wieder verlieben, Geisterreiter* und Ilja Glusgals *Der Ich-Du-Er-Sie-Eskimo*.

Die bestimmende Tendenz der neuen deutschen Schlagertexterei war eindeutig: Es wurde geblödelt und geknödelt, daß die Schwarte krachte, aber das war nur logisch, fünf Jahre nach dem Ende der Katastrophe und inmitten der zahlreichen Versprechungen des Aufschwungs. Probleme hatte ich keine damit, auch wenn wir lieber bei den Wurzeln blieben.

Im Frühjahr 1950 beschlossen Gertraud und ich endgültig, zusammenzubleiben. Wir liebten uns sehr. Ihr Sohn Peter lebte bei uns, als wäre es mein eigener. Wir wurden eine normale Familie, auch wenn es unsere speziellen Schicksale gewesen waren, die uns zusammengeführt haben. Gertraud und mir ist eine ähnliche Natur eigen. Wenn wir auch unsere individuellen Schicksale nicht vergaßen, konnten wir doch aufgrund der ähnlichen Grunderfahrung gemeinsam damit umgehen. Nicht das Leiden an den eigenen Erinnerungen und denen des anderen summierte sich, sondern die Freude, überlebt zu haben, jeder für sich und für den anderen. Jeder Tag gemahnte uns an die Vergangenheit: geistig, emotional, aber auch körperlich. Das sollten wir beide seitdem nicht mehr loswerden. Unsere Lebensfreude, der Humor und das Verständnis füreinander aber waren groß genug. Und es gab auch eine gemeinsame Vorsicht, ein gewisses Mißtrauen und ein offenes Auge auf dieses, unser unberechenbares Land. Ein kleiner Koffer war, für den Fall des Falles, ständig gepackt, in unserem Kopf und im Schrank.

So kam es nicht gänzlich überraschend, daß mich trotz meiner Erfolge in den vergangenen Monaten – zusammen mit Kurt Abraham, Ferry Juza, Ilja Glusgal, Werner Neumann und anderen waren wir im Varieté des *Friedrichstadt-Palastes* inmitten kubanischer Tanz-Szenen, Film-Step-Attraktionen und Gesangssoli von Ilse Hübener ein Teil der Revue *Aus der Luft gegriffen* – ein seltsames Unwohlsein packte. Vielleicht brauchten manche Dinge ein wenig Zeit, um sich zu zeigen. Ich konnte die endlosen Tage im Lager nicht vergessen. Ich konnte die Bilder nicht vergessen, meine Großeltern, die Kinder, meine Freunde, Fricek … Und ich *wollte* sie immer weniger vergessen. Langsam realisierte ich, was in den Jahren zuvor mit uns, mit meiner Familie geschehen war. Ich verlor im nachhinein meine Schamhaftigkeit. Vier Jahre zuvor hatte ich fest daran geglaubt, daß mein Land, Deutschland, seine böse Zeit endgültig überwunden hätte, daß die Mörder und all die anderen Täter ihrer Strafe sicher seien, doch jetzt dämmerte selbst mir, zwischen all der guten Laune, die mich umgab, daß dies Wunsch und Trugbild war. Die Anzeichen häuften sich, im großen und kleinen, daß allzuviele

Menschen unbelehrbar blieben und der deutsche Nationalismus in seiner tödlichen Konsequenz nicht besiegt war.

Viele der Menschen, die überlebt hatten, verunsicherte jenes Jahr erneut. Im Januar waren die ersten Fälle von »ehemaligen« Nazis an die Öffentlichkeit gedrungen, die sich gegen bestimmte Geldsummen ihre Persilscheine erkauft hatten. Im August 1950 entließ man die ersten der in den Nürnberger Prozessen Verurteilten wegen »guter Führung« aus der Haft. Die verhängnisvolle Neigung unserer Landsleute war nicht leicht in den Griff zu kriegen. Uns war immer weniger klar, ob das überhaupt wirklich angestrebt wurde. Die Politik diskutierte fleißig – über eine Wiederaufrüstung.

Unsere Zweifel an Deutschland wuchsen und gewannen schließlich die Oberhand. Eine kurze Zeitlang fragten wir uns, ob Israel ein Ziel sein könnte; inzwischen war es selbst von Großbritannien diplomatisch anerkannt. So eng war meine Verbundenheit zu gelebtem jüdischen Glauben aber nicht, zudem schien die Lage dort ziemlich unsicher zu sein. Wir entschieden uns für die USA. Onkel Arthur hatte dort inzwischen eine Heimat gefunden und vergnügte sich offenbar mit den kuriosesten Beschäftigungen.

Wir befaßten uns konkreter mit den Vorbereitungen zur Ausreise. Unsere Planung aber erhielt einen schweren Rückschlag. Meine Mutter war in die SED eingetreten, die sie für die einzige Partei hielt, die endgültig mit der Vergangenheit aufräumen wollte. Die Folge war klar: Ihr wurde das Visum für die USA nicht erteilt, trotz ihres Schicksals unter den Nazis. Erstmals bekamen wir am eigenen Leib zu spüren, daß die Teilung der Welt sich vollzogen hatte, daß auch in der Demokratie nicht der einzelne Mensch im Mittelpunkt steht und sich nicht alles um das dreht, was wir als Voraussetzung für ein liebenswertes und demokratisches Land ansahen.

Wir mußten uns entscheiden. Gertraud, Peter und ich

Eugen Henkel, Helmut Zacharias und Rudi Bohn
am Timmendorfer Strand

wollten nach Australien auswandern, meine Eltern und mein Bruder in Berlin bleiben. Die Ungewißheit und die Strapazen einer Reise auf diesen abenteuerlich erscheinenden Kontinent waren zuviel für sie. Gertraud hingegen war bereit. Das Berufliche spielte keine Rolle, da ihr Chef Dr. Fabian, der Leiter des OdF, des Instituts für die Opfer des Faschismus, schon im Frühjahr in die USA gegangen war.

Wir unterschrieben schon bald einen Government-Vertrag mit der australischen Regierung, der vorsah, daß den Auswanderern die Überfahrt bezahlt wurde und sie dafür zwei Jahre lang jede zugewiesene Arbeit annehmen mußten. Das war kein einfacher Schritt. Wir taten ihn aufgrund des seelischen Druckes, also nicht ganz freiwillig, aber zuversichtlich und gespannt auf das Neue, das Ungewisse, das vor uns lag. Wir waren jung, hielten zusammen und schließlich – was konnte uns schon groß passieren?

Im Rahmen unserer Vorbereitungen unterzeichnete ich kurzerhand einen Vertrag mit der Gitarrenfirma Roger. Ich wollte mit der Zeit eine australische Generalvertretung aufbauen. Als Muster erhielt ich eine Gitarre mit brillantem Klang, das Meisterstück des Juniorchefs, mit dem er seine Abschlußprüfung als Gitarrenbauer glänzend bestanden hatte. Es konnte beginnen. Anfang Oktober heirateten Gertraud und ich noch schnell. Am 16. Oktober meldeten wir uns ab.

Der Abschied fiel mir schwerer, als ich erwartet hatte. Bis kurz vor der Abreise fragten meine Freunde und Kollegen, ob ich wirklich wüßte, was ich da täte; auch Helmut startete einen Versuch und erklärte mich für verrückt, auf dem bisherigen Höhepunkt meiner Karriere das Land zu verlassen. Doch unser Entschluß, zu versuchen, der Vergangenheit zu entkommen, stand fest. Mit der Erklärung taten wir uns etwas schwer, denn die wäre nur gelungen, wenn wir alles erzählt hätten. Das konnten und wollten wir nicht.

On the sunny side of the street

Die erste Station des Abenteuers lag bereits im ostfriesischen Aurich, wo ein Durchgangscamp für Emigranten eingerichtet worden war. Wie konnte es anders sein: Am ersten Abend im Camp traf ich einen Freund, den Berliner Akkordeonisten Bernhard Schneidewind. Wir gaben unserem Land ein gefühlsgeladenes, eigenartiges Abschiedskonzert. Von Aurich aus machten wir uns auf den Weg nach Cuxhaven. Schlußendlich standen meine Frau, ihr Sohn und ich endlich auf dem Deck der *Castelbianco* und ließen unsere schwierige Heimat hinter uns. Vor uns lagen unendliche Weiten und sechs Wochen Fahrt ans andere Ende der Welt, und das auf einem »Seelenverkäufer«, einem schmalen italienischen Truppentransporter, der bereits bei mittlerer See so schaukelte, daß sämtliche Passagiere über der Reling hingen und

Die Überfahrt nach Australien

die mäßige Verpflegung wieder den Fischen überantworteten. Nur meine geliebte Gertraud saß morgens quicklebendig und mutterseelenallein im Frühstücksraum und wunderte sich über unser Elend!

Schon auf der Überfahrt hatten wir fleißig unsere eher bescheidenen Englischkenntnisse verbessert; als wir endlich im südaustralischen Melbourne ankamen, fühlten wir uns für das unbekannte Land gewappnet. Bereits bei den ersten Schritten auf australischem Boden merkte ich, daß hierher zu kommen kein Fehler gewesen war. Das Land empfing uns sonnig und warm, über den Schaltern der Registrierung hing ein Schild, das es in deutschen Amtsstuben nicht gab und nie geben wird: »Bitte vergessen Sie nicht: Wir sind für Sie da und nicht Sie für uns!« Wir waren in einem demokratischen Land!

Zuerst wurden wir nach Bonegilla verfrachtet, in ein ehemaliges Army-Camp, in dem Einwanderer aus aller Welt auf ihren Einsatz warteten. Die Beamten des Immigration Department waren nicht gut auf uns zu sprechen, sie spielten ein unverständliches Spiel bei der Zuteilung der Arbeit. Ein Maurer oder Schriftsteller wurde garantiert einer Obstplantage zugeteilt, wohingegen ein Landwirt damit rechnen mußte, auf dem Bau eingesetzt zu werden. Derjenige, der sich weigerte, wurde zurück in die Heimat geschickt, hatte beide Passagen zu bezahlen und möglicherweise eine Strafe wegen Kontraktbruchs. Mir wurde ein bißchen mulmig bei dem Gedanken, daß ich mir beim Obstpflücken die Hände lädieren könnte, aber führte mir vor Augen, daß das Leben schon manche Überraschung bereitgehalten hatte. Und richtig, kaum saßen wir einen Abend in Bonegilla, ich blätterte durch meine erste australische Zeitung und studierte interessiert die zahlreichen Arbeitsgesuche von Musikern aus aller Welt, als mich jemand beim Namen rief und herzlich begrüßte. Ich wußte im ersten Moment nicht, wo ich ihn hinstecken sollte, aber wichtig war nur, daß er mich kannte.

Melbourne 1950

Er führte mich durchs Camp und stellte mich den zahlreich vertretenen Musikern vor. Deutsche, Ungarn, Tschechen und Polen, eine seltsame Mischung hatte sich hier versammelt. Einige kannten meinen Namen und meine Musik, ob durch den Rundfunk oder die Listenplätze des Jazz-Poll. Joschi, ein ungarischer Pianist, fragte mich sogleich, ob ich in der Kapelle des Camps mitspielen wollte – dumme Frage! So stellte mich das Leben am ersten Abend nach unserer Ankunft wieder auf die Bretter, die mir die Welt bedeuten.

Meine Sorgen waren damit nicht geschmälert. Später ergab sich eine Gelegenheit, die zu ergreifen mir klug erschien. In der Hauptstadt Canberra fand eine Commonwealth-Jubiläumsfeierlichkeit statt, zu der wir musikalischen Newcomer aus Bonegilla eingeladen waren. Man bot Ballett, Musik aller Art und kilometerlange Buffets, ein grandioses Fest auf gepflegtem Rasen, mit den erlesensten Gästen, die das Land aufbieten konnte. Typisch australisch: Wir standen in der eiskalten Nacht im Freien herum und tranken trotz des abendlichen Alkoholverbotes Unmengen Bier. In den Spielpausen betrachteten wir das Spektakel eher ehrfürchtig, als Joschi mich anstieß und auf eine Gruppe von Männern in unserer Nähe zeigte: »Schau mal, da drüben. Weißt du, wer da steht? Armstrong, unser Arbeitsminister!«

Ich stellte meinen Teller beiseite, faßte mir ein Herz, knöpfte die Jacke zu, marschierte geradewegs auf ihn zu und polterte mit meinem schlechten Clubenglisch drauflos: »Excuse me, Sir! My name is Coco Schumann, I came from Berlin few days ago and I'm a musician. Music is my life, and I am not able to live as a fruitpicker in a little village without a possibility to play my guitar!« Mister Armstrong schaute mich etwas verwundert an, schien aber eher amüsiert als verärgert über die Störung zu sein. Ich fragte ihn weiter, ob er nicht dafür sorgen könne, daß wir einer etwas größeren Stadt zugewiesen würden. Er grinste und bat seine Begleitung, meinen Namen zu notieren. Ich solle ihn anrufen, wenn ich an der Reihe wäre!

Kurze Zeit später wurde ich ins Employment-Office gerufen, wo mir mitgeteilt wurde, daß ich zum Obstpflücken in einer Kleinstadt vorgesehen war. Ich sagte: »Sorry, aber Sie müssen Mister Armstrong anrufen, er wird Ihnen eine andere Anweisung geben!« Der Beamte schaute mich an, als hätte ich drei Nasen. Er begann zu schimpfen, doch ich blieb hartnäckig. Er griff zum Telefonhörer – was für ein Land! – und sprach kurz mit dem Ministerium. Ich sah, wie ihm plötzlich das Gesicht hinunterfiel: »It's all right. He goes to Melbourne.«

So kamen wir in die große Stadt, fanden trotz Wohnungsnot eine schöne Behausung, durch einen Tip von Fredel Neufeld, einem Schuhmacher, den Gertraud aus dem KZ kannte und der sich bereits in Melbourne etabliert hatte. Wir waren happy. Ich mußte allerdings in der Australian Jam Factory arbeiten und den ganzen Tag lang zentnerschwere Zuckerbottiche in riesige Marmeladerührkübel schütten. Meine Hände sahen nach zwei Wochen aus, als dürften sie nicht einmal in die Nähe einer halbwegs guten Gitarre gelangen. Wollte ich weiter Musik machen, mußte ich etwas unternehmen. Ich erkundigte mich nach den Möglichkeiten in meiner neuen Stadt.

Dann schnallte ich mir meinen schweren Verstärker mit Möbelgurten auf den Rücken, nahm die neue Roger und stiefelte hinaus nach St. Kilda Beach, einem vornehmen Strandviertel von Melbourne. Dort lag die *Oran Coffee Lounge*, die erste Adresse »in town«. Der Mann, der mich mit entsetzten Augen betrachtete, als ich mit meinem Gepäck die steile Treppe zum ersten Stock erklomm, stellte sich sogleich als der Inhaber heraus. Ich erklärte ihm, daß ich aus Berlin käme und lange nicht mehr gespielt hätte. Ich wolle bloß wieder einmal mitmachen. Er fragte seine Musiker, die die Augen verdrehten – eine Wunderzicke aus Berlin, das hatte ihnen noch gefehlt. Aber, na gut, sie ließen mich gewähren und fragten, in welcher Tonart ich spielen wolle. Als ich erwiderte, das wäre mir egal, amüsierten sie sich königlich über diesen seltsamen kleinen Angeber in ihrer Mitte.

Na ja, nach der ersten Nummer bekam ich einen Kaffee als Tarnung für den darin enthaltenen Whisky – ab achtzehn Uhr herrschte Alkoholverbot – und war akzeptiert. Doch das war nicht alles. Auf einmal öffnete sich die Tür zur Küche, heraus trat jemand, der seinen Augen und Ohren nicht traute: Walter Jockel aus Theresienstadt, der Fleischer aus der Lagerküche.

Walter Jockel war ein Fan von mir gewesen. Er hatte den kleinen, süßen – und naiven – Jungen vor Augen, der mit seinem Gitarrenspiel den Theresienstädter Alltag verzaubert hatte. Damals hatte er mir das Fleischpaket als Kaufpreis für mein Kumbal übergeben, ohne große Worte. Heute war er

Geschäftsführer der *Oran Coffee Lounge* und fragte mich sogleich, ob ich nicht weiterspielen wolle an diesem Abend. Das Publikum war international, Polen, Ungarn, Amerikaner, Griechen, Russen, also quer durch den Garten und ganz mein Fall. Den größten Erfolg des Abends hatte ich mit rumänischen Stücken, nach denen das Haus zusammenbrach.

Es hatte wieder geklappt. Als ich gehen wollte, meinte der Inhaber: »Lassen Sie die Gitarre gleich hier, und kommen Sie Freitag wieder.« Ich erklärte ihm, ich sei unter Kontrakt und müsse Marmelade rühren. Er sicherte mir zu, gleich am nächsten Tag das Employment-Office aufzusuchen und mich als Arbeitskraft für die Gastronomie anzufordern. Es gelang. Den Rest meines zweijährigen Arbeitsvertrages verbrachte ich Nacht für Nacht als Küchenhelfer im Smoking auf der Bühne!

Auch Gertraud und Peter fühlten sich rundum wohl. Australien war ein wunderschönes Land, ein Realität gewordener Traum. Papageien flogen durch die Luft, wir lagen unter Palmen und aßen riesige goldene Pfirsiche – alles andere lag in unendlicher Ferne. Wenn wir uns mit Walter über Theresienstadt unterhielten, schien das alles noch unglaublicher zu sein, inmitten dieser anderen Welt, in Melbourne, Victoria, 39 Union Street, West Preston.

In den beiden Jahren in der *Oran Coffee Lounge* ergaben sich zahlreiche weitere Kontakte für die »freie« Zeit danach. Den Generalvertreter-Vertrag mit Roger hatte ich fallengelassen, da ich ständig durch das weite Land hätte reisen und auf die Musik verzichten müssen. Statt dessen versuchte ich lieber mein Glück in den Clubs und Bars von Melbourne, Sydney und Canberra.

Eines Abends sprach mich ein älterer Herr aus dem Publikum an und stellte sich vor. Heinz Gehl hatte vor dem Krieg in Berlin gespielt und war schon damals ein berühmter Pianist. Ich kannte ihn bisher nur vom Namen und wußte, daß er mit William Mac Allen und Sydney Bechet zusammen gespielt hatte. Er gehörte zu denen, die die Zeichen der Zeit gedeutet hatten; über Umwege war er nach Israel emigriert, um in Tel Aviv in der Bar seines Bruders aufzutreten, der *Atom Bar*. Wie viele Emigranten verließ er bald wieder das Gelobte Land und kam nach Melbourne. Nun stand er vor mir. Mein Spiel hatte ihn interessiert und er bot mir eine gemeinsame Session an. Ferner sollte ich, falls ich nach Berlin käme, William Mac Allen von ihm grüßen. So eine Formulierung von einem alten Meister war für einen jungen Hüpfer wie mich stets von Bedeutung, denn ein solcher Kontakt konnte den nächsten guten Job bedeuten.

Auch Leo Rosner lernte ich kennen. Er und sein in New York lebender dreizehn Jahre älterer Bruder Henry, ein Geiger, hatten im KZ gesessen und dort musiziert. Uns verband ein stilles Verständnis füreinander; wir erzählten uns nicht viel, sondern spielten. Später las ich, daß die Rosners von dem Industriellen Oskar Schindler gerettet worden waren, der sie als Arbeiter für seine Fabrik anforderte und in eine gewisse Sicherheit brachte.

Bald erschienen Singles mit Tanzmusik von »Leo Rosner and his Gypsy Band« unter meiner Mitwirkung. Wir spielten Rumba, russische Tangos und Samba, der Bariton Peter Kotek sang dazu. Oft traten wir bei jüdischen Hochzeiten und Einsegnungen auf, mit einer Modenschau zogen wir durch halb Australien.

Jobs bekamen wir genug, und unter den neuen Freunden waren »alte Bekannte«: Neben vielen anderen europäischen Musikern und alten Fans lernte ich André Schuster kennen, den ehemaligen Bassisten Teddy Stauffers. Sein Gesicht und sein Spiel hatte ich nicht vergessen, zu seinem Vergnügen erzählte ich ihm von meinem Logenplatz auf der Vorgartenmauer des *Delphi*.

Im *Eden* in Melbourne
oben: Leo Rosner, Charly Papp, Milan Kytnar, Coco Schumann, N. N.
unten: N. N., Coco Schumann, Lowell Morris, Leo Rosner

Nicht nur aus »sentimental reasons« wollte ich wieder zurück zum Jazz. In Melbourne fand jedes Jahr im Sommer ein riesiges Festival statt, *Downbeat*, das die besten australischen und internationalen Stars versammelte. 1952 erlebte ich es zum ersten Mal. Das Flair der Tage inspirierte mich dazu, selber Stücke zu arrangieren und mich an Kompositionen zu versuchen.

Im September 1953 wurde erneut der *Downbeat! Big Band Bash* im Round des Melbourner *Wirth's Olympia* veranstaltet. Neben den besten Kapellen und dem Special Guest Liz Taylor zogen wir mit einem »Jazz at the Phil Team« ins Rennen und gaben unter der Leitung von Lowell Morris, dessen Hit *North-West-Passage* ich schon Jahre zuvor in Berlin gespielt hatte, die australische Interpretation dieser legendären amerikanischen Form der Jam Session.

Hier spielte ich erstmals mit dem Tenorsaxophonisten Geoff Kitchen zusammen, zum Beispiel in *On the sunny side of the street* für dessen Platte *Melody Lingers*. Gleichzeitig erschien auf demselben Label – Spotlight Varieties, ausgezeichnet durch eine revolutionäre neue Aufnahmequalität, die Microgroove-Technik (das Ende der Schellackplatten stand bevor) – die Scheibe *Rhythm Cocktail* des Coco Schumann's Quintet, unter anderem mit Irving Berlins *Always*, Cole Porters *What is this thing called love* und zwei merkwürdig anmutenden Arrangements von mir: Boccarin's *Minuet* und *Sur le pont d'Avignon*. Beide Platten wurden von der Kritik positiv besprochen und liefen im Rundfunk rauf und runter. In relativ kurzer Zeit hatte ich einen guten Ruf in meiner neuen Heimat.

Aber zufrieden war ich nicht. Denn die australischen Uhren liefen anders. Traten wir nach dem Spielen auf die Straße, herrschte eine geisterhafte Ruhe. Für uns war eben »high afternoon«, die Uhr hatte (schon) Mitternacht geschlagen, kein Mensch war mehr unterwegs. *St. Kilda Junction*, eine kleine Milchbar für Taxifahrer, war die einzige geöffnete Kneipe; da hockte ich zwei, drei Stündchen und konnte mich mit Milchshakes müde trinken ... Auf Dauer war das nicht auszuhalten. Währenddessen machten sich im fernen Berlin meine Freunde auf zum ersten und lange nicht letzten Lokalwechsel!

Häufig mußte ich an meine Eltern und meinen Bruder denken. Sie waren weit entfernt, und ich hatte viele Gelegenheiten, mich nach ihnen zu sehnen. Tief in mir spürte ich etwas wie Heimweh, nicht nach dem Heimatland an sich, eher nach Vertrautheit.

Da traf ein Brief von Günther Becker aus Adelaide ein, dem früheren Schlagzeuger von Walter Dobschinski. Er arbeitete bei der Eisenbahn und plante, nach Melbourne zu kommen. Natürlich wohnte er bei uns, wir vergruben uns sogleich in Geschichten über die lauten Tage in Berlin. Auch er war nicht glücklich hier. Am Ende seines Besuches verkündete er: »Coco, ich fahre zurück!« Ich antwortete spontan: »Ich auch!«

Wieder erklärten mich alle für verrückt. Gerade hatte ich hier entscheidende Erfolge mit meiner Musik und beste Möglichkeiten zu einem guten Auskommen, da wollte ich diese Karriere wieder beenden. Aber es gab keine Alternative. Am 17. Juni 1954 fand in der *Exhibition Concert Hall* wieder das *Downbeat*-Festival statt. Noch einmal spielte Coco Schumann's Quintet mit Stan Walker am Piano, Lou Silbereisen am Bass, Lowell Morris an den Drums und Wally Wood mit Bongos und Stimme. Die Zeitungen feierten die »farewell performance« unserer »first-rate group with top-flight musicians« ziemlich ausgiebig und machten mir damit den Abschied nicht leicht. Aber ich wollte nicht langfristig planen, das hatte ich mir, oder besser: das wurde mir früh abgewöhnt ... Nur der heutige Tag galt und vielleicht noch der nächste. Ich wollte eben wieder zurück nach Berlin, komme, was da wolle. Meine Mutter hatte schon immer gesagt: »Nimm dir nüscht vor, Junge, dann geht dir nüscht schief!«

Der Abschied von den australischen Freunden war schmerzlich. Leo Rosner stand mit seinen Gypsies am Kai; sie spielten unsere Musik, als wir am 1. Juli an Bord gingen. In jenem Moment war ich mir nicht mehr sicher, das Richtige zu tun. Aber dann standen wir an der Reling, winkten unseren Freunden und freuten uns erneut auf ungewisse Tage in der wieder neuen Heimat. Unseren finanziellen Möglichkeiten gemäß, hatten wir die *Toscana* gewählt, wieder einen italienischen »Seelenverkäufer«, der mit uns seine letzte Fahrt zum Abwracken nach Genua antrat. Bald waren wir auf hoher See, es gab kein Zurück.

Als ob es nicht anders sein könnte, sah ich kurz nach dem Ablegen einen Bassisten mit seinem riesigen Koffer über das Vorderdeck huschen und nach seinem Partner Ausschau halten, einem Pianisten. Beide waren hervorragende Jazzer aus Perth, die gen Italien wollten, um Europa zu erobern. So hatten wir an jenem Abend gleich wieder ein Problem: An Bord gab es nur Gleichstrom, den mein Verstärker nicht vertrug. Wir überredeten einen Schiffsingenieur, mir einen Transformator zu bauen; nach Fertigstellung jammten wir los.

Beim Zwischenstopp in Colombo, der Hauptstadt Ceylons, lernten wir auf unserem Landgang den Hotelier Donovan Andrews kennen. Er lud uns ein, am Abend mit ihm im besten Club der Stadt zu spielen. Auch hier hatten wir gehörigen Erfolg, und, inmitten der gastierenden Girls des Pariser *Folies-Bergère*, einen ziemlich vergnüglichen Abend. Alles in allem wurde die Rückfahrt eine scheußlich schwankende, aber äußerst beschwingte Passage. Kurz vor Genua entschieden sich die beiden Musiker, mit nach Berlin zu kommen. Die ersten Pläne waren schon wieder im Sack.

Foolish things

»Heimat« ist für mich eine zwiespältige Angelegenheit. Ich hatte sie einmal geliebt; als ich merkte, daß ich ihr nicht verzeihen konnte, was sie mir angetan hatte, verließ ich sie. Fern der Heimat wiederum hatte sie mir zu sehr gefehlt. Als wir jetzt wieder deutschen Boden betraten, begann ich sogleich, den offenen und freundlichen Alltag australischer Demokratie zu vermissen, und ärgerte mich fürchterlich über das treudeutsche Beamtentum. Ich wußte in diesem Moment: Ich bin nirgendwo mehr zu Hause. Ich wollte zurück, aber eine Heimat gab es nicht mehr. Wo ich bin, bin ich verkehrt. Da ich aber das Glas eher halbvoll sehe als halbleer, kann ich mir sagen: Wo ich bin, bin ich richtig, auch ohne Heimat. Da kann ich leben. Gertraud und ich verabredeten, uns keine teuren Möbel mehr zuzulegen und darauf zu achten, daß der kleine Koffer im Hinterkopf gepackt war – dreiundvierzig Jahre lang, bis heute.

Kaum in Berlin angekommen, begegnete mir mein Jazz-Poll-Konkurrent Johannes Rediske im Autobus. Sofort trafen wir eine Verabredung zum Spielen. Er freute sich riesig über unsere Rückkehr, die Neuigkeit sprach sich schnell herum. Am 24. August 1954 meldeten wir uns auch amtlich wieder zurück.

Unseren beiden australischen Gästen gefiel Berlin recht gut, und sie beschlossen, eine Weile zu bleiben. Am 18. September hatten wir unseren ersten Auftritt in der Veranstaltung ... *endlich wieder Jazz* im *Sportpalast*, neben Lubo D'Orio und Walter Dobschinski, als »Trio Coco Schumann, Australien«, was sehr aufregend klang. Nach ein paar Rundfunkaufnahmen folgte einen Monat später der Auftritt des Coco Schumann-Quintetts als »Gast aus Melbourne«

beim »großen bunten Sonntagnachmittag« im Jahn-Stadion, unter dem Titel *Au warte!* Der Termin war verschoben worden, »um weiteren Tausenden Berufstätigen den Besuch zu ermöglichen«!

Einiges hatte sich verändert in unserer Abwesenheit. Schnell merkte ich, daß das ganz wesentlich auch meine Musik betraf. Aus dem Radio erklang nur Schlagermusik, selbst Bully Buhlan feierte große Erfolge mit Liedern wie *Ich hab dir aus Ägypten einen Kaktus mitgebracht* und *Würstchen mit Salat*. Tatsächlich war endgültig die neue Zeit angebrochen, deren Vorboten ich vor Australien noch kennengelernt hatte.

Wir spielten den Jazz, aber bei den meisten begann sich ein Symptom zu entwickeln, das bis in die siebziger Jahre hinein, bis zu einer Renaissance des Old-fashioned-Jazz, anhalten sollte: Der Jazz wurde verinnerlicht, stand mehr oder weniger heimlich hinter allem, was die Launen der Jahre hervorbrachten. Für die meisten Unterhaltungsmusiker war er die Seele, das Wesen dessen, was sie anstellen mußten, um von ihrem Beruf leben zu können, ganz gleich, ob sie Schnulzen, Karnevalsschlager, Folklore oder »experimentelle« Pop- und Rockvarianten spielten.

Der erste blauschimmernde Silberschein eines neuen Massenmediums zog strahlend am Horizont der Moderne auf – in eigenartigen neuen Teak- und Eichenschränkchen. Der moderne Mensch gab sich jetzt nicht mehr dem Radio, sondern dem Fernsehen hin. Das entwickelte sich langsam, aber unaufhaltsam zum Unterhaltungsmedium schlechthin. Mit ihm Bekanntschaft zu schließen, bekam ich schnell Gelegenheit. In jenem ersten Jahr in der neuen Wahlheimat Berlin trat ich als Gast verschiedener Kapellen auf, unter anderem in der Sendung *3 x 3* und in der *Schlagerrevue*. Auch für Helmut Zacharias, der sich mit seinen »Verzauberten

William's Ragtime Band im *Tabu*, Köln
Joachim Kron, Peter Strohkorb, Coco Schumann,
Wolfgang Mäder, William Mac Allen

Geigen« etabliert hatte und immer populärer wurde, machte ich wieder Aufnahmen.

Daneben versuchte ich, feste Engagements zu finden, und kam durch den Gruß von Heinz Gehl aus dem fernen Australien im Jahre 1956 zur Band von Mac Allan, die im *Tabu*, einem Club der Blatzheim-Betriebe, spielte. Blatzheim betrieb einen Unterhaltungskonzern mit zahlreichen Gastronomie- und Veranstaltungsorten in allen größeren Städten, vom Nightclub bis zum noblen Restaurant. Diese Unternehmungen standen unter einem strengen Regiment. Der Musiker hatte zu funktionieren wie ein Warenlieferant, seine und nur seine Sache war, welches Vergnügen er diesem Broterwerb dabei abringen konnte.

Bei Mac Allan hatten wir damit keine Schwierigkeiten,

denn unsere gute Laune war beträchtlich, aber der Job forderte mir eine richtungsweisende Entscheidung ab. Aus Australien kamen wieder Briefe von meinen Freunden, Leo Rosner schrieb mir: »Die Leute fragen nach Dir. Du kannst sofort anfangen. Wenn Du wirklich kommen willst, komm so schnell wie möglich.« Dazu kam der Umstand, daß Spotlight-Varieties zwar einen erfolglosen Versuch gestartet hatte, meine Platten auch in Deutschland zu verkaufen, daß sie in Australien aber weiterhin Beachtung und gute Kritiken fanden. Die Aussicht auf eine künstlerisch freie Jazz-Karriere in Übersee stellte eine große Verlockung dar, aber wir blieben. Selbst mir wäre dieses Hin- und Hergeschippere seltsam erschienen. Den modernen Jet-set gab es in seiner heutigen Ausprägung ja noch nicht, sonst hätte ich vielleicht im wahrsten Sinne des Wortes dazugehört. Mein Motiv war dabei weniger die Suche nach dem neuesten Event, vielmehr erschwerte eine tiefe Unruhe und Unsicherheit uns das Verbleiben an einem, an diesem Ort. Das war nicht allein der Neugier meiner leidenschaftlichen Musikerseele geschuldet, sondern sicher eine Folge unserer ganz persönlichen Erlebnisse im Dritten Reich, die das menschliche Grundvertrauen – Voraussetzung für ein Heimatgefühl – zerstört hatten.

So mußte die Welt zu mir kommen. In jenen Tagen trafen sich die internationalen Stars schon wieder gerne in Berlin. Für uns Musiker war selbstverständlich, bei solchen Gelegenheiten miteinander zu jammen. Als Jazz- und Swingmusiker hatte ich den unglaublichen Vorteil, in der Musik ein Zuhause und weltweit eine Familie zu haben. Ich konnte nicht in Sydney, London, Las Vegas oder im *Big Apple* in New York, aber immerhin in Charlottenburg zusammen mit allen Größen meine Musik spielen. Waren die Megastars in der Stadt, erging es ihnen nach einem Auftritt meistens wie uns allen: Die Nacht war jung und das Hotelzimmer ein trostloser Ort. Also zogen sie los durch Bars und Clubs, um zu schauen, was ihre Kollegen dort trieben. Einer der Geheimtips war die *Badewanne*, in der Johannes Rediske spielte, von dem ich oft gebeten wurde, einzusteigen. Dorthin kamen sie, die »Großen«, hörten zu. Wenn es sie packte, kletterten sie einfach zu uns aufs Podium und legten los. Dizzy Gillespie lernten wir dort kennen, einen unglaublich netten Kerl und echten Clown. Und Louis Armstrong, der mir in der Pause einer jener Sessions einmal sagte, als ich wieder meine Zweifel am vorherrschenden Musikgeschmack äußerte: »Coco, it's not important, what you play. It's important, how you play.« Das hatte er selber an jenem Abend unter Beweis gestellt: mit einer eleganten Spontanversion von *Es war einmal ein treuer Husar* ... An diesen Satz dachte ich häufig in den folgenden Jahren, wenn wir in den Tiefebenen der Unterhaltungsmusik dümpelten.

Im Januar 1957 machte mir Heinz Dischereit, der Besitzer des *Studio 22* in der Leonhardtstraße, einen verlockenden Vorschlag. Ich sollte in seinem Laden eine neue, eigene Band aufbauen. Ich sagte zu, schloß einen Vertrag als Tanzkapellenleiter und sogenannter Musikartist, wie wir uns nennen mußten, um Ausgaben steuerlich absetzen zu können, und suchte mir eine Handvoll guter Musiker zusammen. Schon bald hatten wir einen ganz ordentlichen Ruf. Die *Badewanne* hingegen war ein wenig out, wie es all jenen Etablissements oft schnell passieren konnte. Dischereit nutzte seine Chance – und seinen Rolls Royce –, indem er auf dem Flughafen vorfuhr und den ankommenden Stars den Service einer standesgemäßen Beförderung ins Hotel anbot. Während der Fahrt fragte er die Gäste, ob er sie nicht auch nach dem Konzert abholen und ihnen ein wenig die Berliner Nacht zeigen solle. So kamen die illustren Kollegen im Anschluß an ihre Erfolge zu uns in das *Studio 22* und konnten sich überzeugen, daß auch wir wußten, worum es ging beim Swing. Mitunter ergaben sich denkwürdige Kombinationen auf der

Im *Studio 22*
Lennie Niehaus, Bill Perkins, Manfred Burtslaf, Stan Kenton (verdeckt), Coco Schumann, Hajo Lange, Mel Lewis

Bühne; ich denke dabei noch gerne an einen Abend mit dem West-Coast-Altsaxophonisten Lennie Niehaus, mit Bill Perkins und dem New Yorker Schlagzeuger Mel Lewis. Die Session war einmalig – ein besonderer Abend unter vielen guten, zu denen sich Mitglieder dieser weltumspannenden Familie zusammenfanden.

Dann war es soweit. Ich schielte über meine Gitarre und sah sie an einem der vorderen Tische sitzen, mit großgeblümtem Kleid und dezentem Chic, mit ihrem in sich ruhenden Drive und diesem wundervollen Lachen – alles an ihr zeugte von der unvergleichlichen Künstlerin: Ella Fitzgerald! Man sagte ihr zwar nach, daß sie nie bei einer anderen Band einstieg, doch dann spielten wir *Foolish things*, sie stand auf, griff zum Mikrofon und sang, daß uns ganz anders wurde. Ich sah mich in diesem Moment wieder als Dreizehnjähriger vor der Weba-Eisdiele und dem Lido-Koffer des »Postministers« sitzen und ihre junge Stimme hören. So viel war inzwischen geschehen, die meisten der Freunde von damals lagen irgendwo begraben – der Swing hatte das alles überlebt, und ich war dabei. Ellas Refrain holte mich zurück in die Gegenwart. Eine grandiose Nacht, die am nächsten Abend, nach ihrem zweiten Konzert, eine Fortsetzung erfuhr. Jene Abende im *Studio 22* mit der großen Familie auf dem Podium – und Curd Jürgens hinter der Cocktailbar – waren eine tolle Nummer.

Im Frühjahr unterschrieb ich bei Erwin Glombs Le Nora Quintett; das Engagement begann im Lokal *Kupferkanne* in Göttingen. Solche Szenenwechsel waren erforderlich, wenn man von der Musik leben und eine Familie versorgen wollte. Wir verstanden uns prima, der neue Job hatte ein mir nicht unangenehmes breiteres Spektrum. Glomb schätzte mein Faible für südamerikanische Musik, die groß im Kommen war, und so schlugen wir uns die Nächte mit Samba, Mambo und Cha Cha um die Ohren, mit nicht unerheblichen Mengen verschiedener Alkoholika.

Eines Abends begrüßte mich ein Gast, dessen Gesicht ich aus Berlin kannte. Er produzierte in Göttingen für die Deutsche Film Hansa den Heinz-Erhardt-Spielfilm *Witwer mit fünf Töchtern* und fragte mich spontan, ob ich nicht Lust hätte, mitzumachen; Vera Tschechowa und Susanne Cramer seien auch dabei. Ich sagte zu, anschließend tranken wir uns unter die Tische, so daß die Maskenbildner am nächsten Morgen redliche Mühe mit uns frischgebackenen Film-Rock'n'Rollern hatten. Unser Auftritt betraf nur eine Szene, in der wir unheimlich loslegten, aber er machte viel Spaß. Die zerknautschte Art von Erhardt, den Tücken und Bosheiten der Welt scheinbar mit arglosen, haarsträubenden Albernheiten zu begegnen, mochte ich sehr. Auch privat verstanden wir uns, da er ernsthafter und tiefgründiger war, als seine Klamaukfilme vermuten lassen. Im Grunde blieb viel von seiner komischen Art unverstanden, wollte er den Deutschen doch vorführen, in welcher neuen Lebenslüge sie sich befanden mit ihrer Wirtschaftswunder-Nettigkeit und oberflächlichen Harmonie.

Der Rock'n'Roll eroberte nach und nach die Beine und die Herzen der lebenshungrigen Teenager, aber auch wir »Älteren« – immerhin zählte ich 1958 schon stattliche vierunddreißig Lenze – waren ihm nicht abgeneigt, um die Folgen der neuen deutschen »Freßwelle« zu kompensieren. Elvis Presley erklomm als prominenter Soldat im hessischen Friedberg auch hierzulande neue Höhen des Ruhms und setzte sich langsam sogar im Rundfunk durch. Als Ende Oktober Bill Haley mit seinen Comets in Hamburg und im Berliner *Sportpalast* für Furore und Krawall sorgte, war der klassische »Rebell« James Dean bereits drei Jahre tot und eine Legende. Traute und ich, im *Sportpalast* dabei, waren begeistert, aber als nach Haleys neuer Hymne *Rock around the clock* einige sogenannte Halbstarke den Stühlen und am Ende gar einem Konzertflügel das Fliegen beibrachten und

Standfoto aus dem Film *Ein Witwer mit fünf Töchtern*

einen Sachschaden von immerhin dreißigtausend D-Mark anrichteten, schlichen wir uns von dannen, um weder zu den achtzehn Festnahmen noch den siebzehn Verletzten zu gehören. Am nächsten Morgen waren die Zeitungen voll von dem Skandal, als wäre so etwas seit Menschengedenken nicht mehr vorgekommen. Ich las Traute die empörten Kommentare eher belustigt vor. Raufereien und kleine Jugendrevolten jeglicher Couleur waren für mich nichts Neues mehr. Wir fanden den Wirbel, den die verschreckten bürgerlichen Medien um jene Kraftproben der »Kurzen« machten, belanglos und den Vergleich mit Krawallen zu Beginn der dreißiger Jahre blauäugig. Man hatte, zur Ruhe gekommen, nur wieder Angst vor dem Neuen, obwohl in jenen Jahren fast jeden Tag ein neues Zeitalter begann.

Ich verdiente mein Geld hauptsächlich durch Rundfunk- und Fernsehaufnahmen – abwechselnd mit Wolfgang Gabbe und seinen Solisten, den Berlin All Stars, geleitet von Dobschinski, Erwin Lehn und anderen, und meiner eigenen

Enrico, Margot Friedländer, Peter Rückert, Coco Schumann

Combo – in Sendungen wie der Rediske-Show *Rhythmus in Bildern* und *Musik am Montag*. Ich versuchte alles, um im Geschäft zu bleiben. Swing und Improvisationen waren out, und die handelsübliche altdeutsche Klamottenmusik behagte mir immer noch nicht. Ich verlegte mich auch für die eigenen Kompositionen auf das weite Feld der lateinamerikanisch angehauchten Tanzmusik. Sie gefiel mir ausnehmend gut und war zudem die einzige Möglichkeit, zu improvisieren, frei zu spielen, den Jazz einzubringen und zu zeigen, was man wollte.

Nach einer Programmbesprechung mit Alfred Jack im SFB waren wir etwas gelangweilt vom einzuspielenden Pflichtprogramm. Ich zog eine neue Nummer von mir aus der Tasche und gab sie ihm: *Señorita de la Mambo*. Er war sofort angetan, und wir nahmen sie auf. In den folgenden Monaten gab er mir freie Hand, schließlich mußte ich vor den Einspielungen gar nicht mehr zeigen, was ich zustande gebracht hatte. Die Boleros, Mambos und Calypsos wurden von dem bekannten Texter Erich Hagenstein mit zeitgemäßen Worten versorgt, liefen im Radio, wurden von Musikverlagen gekauft und machten ihren Weg, der nicht direkt auf die Höhen des Erfolges führte, aber manchmal kuriose Richtungen einschlug. Mein Name tauchte bei so vielen verschiedenen Anlässen, in diversen Besetzungen und nun auch bei den eigenen Stücken auf, daß die Radiohörer Gefahr liefen, durcheinanderzukommen und mich hinter dem Getümmel nicht mehr wiederzuerkennen. Ich entschloß mich zu einer eleganten Lösung: Aus eins mach zwei! Ein Teil meiner Aufnahmen lief fortan unter dem hübschen lateinamerikanischen Pseudonym Sam Petraco, wobei der Nachname nicht mehr und nicht weniger beinhaltete als: Peter, Traute, Coco.

Als ich wieder im SFB einen Titel aufnahm, befand sich eine brasilianische Delegation im Hause, die deutsche Musik einkaufte. Als die Herren zufällig ein paar Takte von uns zu Ohren bekamen, schauten sie erstaunt ins Studio, welcher Brasilianer dort spielte. Sie waren von den Socken, als sie mich erblickten. Sie kauften gleich alle meine bisherigen Kompositionen und nahmen sie mit nach Brasilien, um sie dort für den Rundfunk einzuspielen. Ich kam mir vor, als wäre es mir gelungen, Coca-Cola nach Amerika zu verkaufen.

Aber ein echter Geschäftsmann zu werden wollte mir nach wie vor nicht gelingen. Keines meiner Stücke wurde zu einem echten Hit; auch die Bemühungen, durch einen Kontakt zu Don Randle, dem Präsidenten der Fender-Corporation, die deutsche Generalvertretung für ihre Gitarren zu übernehmen, strandeten in der Erkenntnis, daß ich eben Musiker und kein Händler bin. Was nicht heißen soll, daß nicht manchmal nach einem weniger guten ein guter Coup gelang …

Ich war damals einer der ersten Musiker, der eine Gibson »Les Paul« mit drei Tonabnehmern besaß, da für meine neuen Spielarten die beiden Rogers nicht mehr recht geeignet waren. Außerdem war unsere Wohnung klein, Traute fiel ständig über die großen Koffer und beschwerte sich, zu Recht. Als mich nach einem Konzert ein Mann auf die Roger ansprach, verkaufte ich erst die eine, meine erste, und später auch die zweite, die mir für Australien mit auf den Weg gegeben worden war – beide für den Preis von je zweihundertfünfzig D-Mark. Ein Wahnsinn! Hätte ich sie behalten und würde sie heute anbieten, käme der Gegenwert einer netten kleinen Weltreise dabei heraus.

Ich spielte auf der »Les Paul« und war mehr als zufrieden. Dann benötigte ich für die Big Band von Gabbe wieder ein akustisches Instrument, das ich mir aber nicht leisten konnte. Der Chef einer Gitarrenfirma in Erlangen kam mir zur Hilfe. Er bat mich, ihm die »Les Paul« unauffällig für drei Tage mitzugeben. Im Anschluß könne ich mir als Gegenleistung eine neue »Framus Attila Zoller« aussuchen, benannt nach dem berühmten Gitarristen. So kam ich auf dem Wege der »Industriespionage« an das dringend benötigte Instrument und war zufrieden, im Gegensatz zu meiner Frau, die nach wie vor im Slalom die Koffer in Flur und Schlafzimmer umrunden mußte.

Das Nachtleben war turbulent wie eh und je. Zwar erschien es mir zahmer und geregelter zu sein als in der kurzen Zeit, die ich vor meiner Verhaftung in den Lokalen zugebracht hatte, aber unbeschwerte Hoffnung auf Wirtschaft, Wunder und Moderne prägten jetzt die Stimmung. Nach den vorabendlichen Tanztees, die wir täglich mit Gabbe versorgten, schaute ich meistens zur »Mittagspause« kurz zu Hause rein, um die zweite »Schicht« ab neun oder zehn Uhr abends gut zu überstehen.

Wenn wir um zwei oder drei Uhr morgens, gut angefüllt mit leichten norddeutschen Tischweinen namens »Doornkaat« und »Linie«, den Arbeitsplatz verließen, schlingerte ich mit meinem Gitarrenkoffer – oder besser gesagt: er mit mir – stets von Schuppen zu Schuppen, um meistens im *Weißen Mohr* gegenüber vom *Café Kranzler* zu stranden und nach Sonnenaufgang ein kleines Abendbrot zu nehmen. Einmal landete ich in der Bar des *Old Eden* in der Damaschkestraße und wurde von dem Herrn am Flügel gebeten, mit einzusteigen. Als Jazzfan kannte und schätzte er meine Musik schon lange: René Kollo und ich gaben Erroll Garners *Misty* und spielten seitdem öfter zusammen.

Oder ich war auf Tournee. Und die waren ein hartes Geschäft, wenn wir zum Beispiel mal wieder zwischen der großen Tanzhalle in Wachtum bei Löningen und einer Rock'n'Roll-Party mit Hully Gully im *Germanenclub* tingelten – im *Germanenclub*, ausgerechnet ich! Wir trugen

Abend für Abend den Slop, den Twist und den Boogie in die Lande und mußten uns manches interne Vergnügen einfallen lassen, damit wir uns über die Wochen nicht endlos langweilten.

Ich glaube, ein solcher Lebenswandel muß für jeden Livemusiker zu einem Problem werden. Zu Hause hatte ich eine Familie, die ich liebte und mit der ich lebte, und »draußen« hatte ich eine Familie, ohne die ich nicht leben konnte und die mich ungleich mehr beschäftigte als die eigene. Es war bestimmt nicht leicht für Gertraud. Sie hat sich heimlich sicher oft gewünscht, daß ich besser Rohrleger geworden wäre, mit Feierabend und allen Schikanen. Aber schließlich kannte sie mich so, wie ich eben war, und unterstützte mein unstetes Leben mit Nachsicht und Geduld.

Ich liebte sie sehr, denn ich hatte ja jetzt, 1961, schließlich nur sie, Peter und meinen Bruder, nachdem 1958 mein Vater und zwei Jahre später auch meine Mutter gestorben waren.

Ich hatte Peter nicht adoptiert, aber er akzeptierte mich stets als eine Art Vater. Nun studierte er Jura, und da er, vielleicht zu Recht, befürchtete, nach dem Examen und dem Doktortitel mit »Goldschmidt«, dem jüdischen Nachnamen seiner Mutter, keine Karriere in seiner Heimat machen zu können, fragte er mich, ob er offiziell meinen Namen annehmen dürfe. Für mich war das kein Problem, auch wenn der Gedanke, daß es notwendig sein könnte, bitter war.

Wegen der Tourneen mußten Traute und Peter oft viele Wochen lang alleine zurechtkommen. Vor kurzem entdeckte ich beim Aufräumen ein Schulheft, in das Gertraud ihre Gedanken notierte. Unter anderem fand ich dort ein Gedicht von ihr, das mich in seiner Zärtlichkeit und Einfachheit – ich bin schließlich kein Literat – anrührte. Es heißt »Sehnsucht«:

Wochen sind's, seit ich dich sah
mir scheint's, es wären Jahre.
Stunden dehnen endlos sich,
Minuten werden Tage.

Sehnsuchtsvoll erwart' ich dich
zu jeder Tagesstunde.
Alles, was an Glück es gibt,
ich träum's an deinem Munde.

Komm zu mir – umarme mich
und sprich von deiner Liebe.
Ich bin dein, ich liebe dich,
wünsch', daß es stets so bliebe.

Und so blieb es auch.

Ein gewisser Ausgleich für das fehlende Familienleben sind die besonderen Freundschaften, die sich zuweilen im Showgeschäft ergeben. Manche von ihnen halten den Rest des Lebens, wie die zu Helmut und Hella, zu Bully Buhlan – und zu Jean »Toots« Thielemans.

Ich saß im RIAS und wähnte mich mal wieder in einem brasilianischen Tanzlokal, als ein Herr das Studio betrat, den ich schon von seinen Platten her kannte und bewunderte. Der Gitarrist Toots Thielemans war, in Rio de Janeiro stets »Supertoots« genannt, in den Magazinen seiner Wahlheimat Amerika zum »musician of the century« gekürt worden. Mit Recht, wie ich fand. Er war einer der modernsten Gitarristen und nebenbei einer der besten Mundharmonikaspieler. Nun stand er neugierig neben mir und stellte sich in seiner feinen und bescheidenen Art vor – der Beginn einer wunderbaren Freundschaft. Toots kam damals öfter nach Berlin, stets holte ich ihn vom Flughafen ab, brachte ihn erstmal in unser bescheidenes Heim. Er duschte, wurde von Gertraud be-

Jean »Toots« Thielemans

kocht und genoß es, den Abend nicht in einem Hotel verbringen zu müssen. Manchmal begleitete er mich auch zu Auftritten und fragte ganz vorsichtig, ob er nicht mit einsteigen könne. Die Veranstalter und Produzenten waren jedesmal geschockt von seiner Art; sie selbst hätten sich kaum getraut, ihn zu fragen. So spielten wir gemeinsam einige Stücke für Platte und Rundfunk ein, unter anderem meine Komposition *Au revoir, mon amour* und Duke Ellingtons *Caravan*. Diese beiden Aufnahmen wurden später Hits besonderer Art, da eine deutsche Firma sie auf einer »Berieselungskassette« weltweit verkaufte. Ich hörte sie noch nach vielen Jahren am Strand des Holiday Inn in St. Lucia oder im Fahrstuhl des Waldorf Astoria in New York.

Neugierig fragte Toots mich einmal, ob mit meinen Kompositionen Geld zu verdienen sei. Ich erklärte ihm die Mischung aus Glück und Gespür. Er wurde nachdenklich. Als ich ihn das nächste Mal in Tempelhof abholte, zückte er seine kleine Mundharmonika, die er immer »zufällig« dabei hatte, spielte mir ein Stück vor und sagte: »Das ist meine Rente!« Er sollte recht behalten, *Blusette* wurde ein Welterfolg – und die bis heute währende Freundschaft mit Toots zu einer großen Bereicherung für mein Leben.

Razzle dazzle

Im Frühjahr 1961 wurde Gabbes Bigband gemeinsam mit der Roy Etzel-Band für die Wahlkampf-Tournee von Willy Brandt engagiert, der seit 1957 Berlins Regierender Bürgermeister war. Die SPD hatte zwei Jahre zuvor, als Reaktion auf Adenauers absolute Mehrheit, ihre Umstrukturierungen in Richtung Volkspartei begonnen und legte sich ins Zeug, ihr Programm, Schwung und gute Laune zu verbreiten und der Deutschtümelei der konservativen Parteien etwas entgegenzusetzen. Dieser Job begeisterte mich, denn von den Entwicklungen in unserer schwierigen Heimat waren Traute und ich alles andere als angetan. Es gab zwar Proteste aller Art, gegen Wiederbewaffnung, Atombomben und dergleichen, aber die nationalistischen Tendenzen bekamen bereits wieder argen Aufwind.

Wie hatten sich die Deutschen empört, als die Israelis ein Jahr zuvor, im Mai 1960, den Verantwortlichen der sogenannten Endlösung der Judenfrage, Adolf Eichmann, in Buenos Aires aufspürten und entführten! Und mit welcher Selbstverständlichkeit waren große und kleine Nazischergen inzwischen längst wieder in Amt und Würden und entschieden über das Wohlergehen auch derer, die ihrem tödlichen Treiben damals entkommen waren. Nein, trotz aller guten Laune, die wir allabendlich auf der Bühne verbreiteten, wußte ich, daß das, was vor inzwischen fast zwanzig Jahren geschehen war, nicht vorbei war und nie vorbei sein wird. Ich redete nicht darüber und ließ mir meine Gefühle nicht anmerken, aber sie waren immer gegenwärtig.

Noch immer weiß ich nicht, wie man das richtig macht: Man kann und darf nicht vergessen, aber man kann auch sein weiteres Leben nicht ausschließlich davon beeinflussen lassen. In den ganzen Jahren habe ich unzählige Male *La Paloma* gespielt, manchmal fielen sie mir dabei wieder ein, diese Menschen auf ihrem letzten Weg, doch oft dachte ich auch gar nicht an sie, sondern nur an die Musik. Ich hatte mindestens einen guten Grund, *La Paloma* nicht zu spielen, aber ich hatte auch tausend Gründe, es zu tun: für jeden einzelnen aus dem Publikum der Wahlkampf-Tournee von Willy Brandt.

Brandt hatte eine großartige Ausstrahlung, verstand sich ins Bild zu setzen und war dabei ein ganz »normaler« Mensch, nicht nur eine »Politfratze« wie viele heute. Er selber glaubte an das, was er sagte, handelte danach und wußte andere davon zu überzeugen.

Auf dieser Tournee hatten wir viel Spaß mit Roberto Blanco, Silvio Francesco und dem damaligen Shooting Star Willy Hagara. Wir verstanden uns gut, was einschloß, daß uns nichts zu blöd war, um uns gegenseitig zu ärgern. Roberto sang ein Medley seiner Erfolge, und die Scheune tobte, als Silvio hinter der Bühne ein Fahrrad entdeckte, wieder und wieder über die Bühne radelte und Roberto mitten im Stück unterbrach, um nach einer Straße zu fragen! Die Rache folgte am nächsten Abend, als Silvio seinen Hit *Mein Chapeau* zum Besten gab. Roberto fand im Technikraum eine hübsche Tragbahre, verband sich den Kopf und ließ sich von vier Arbeitern auf die Bühne tragen und neben dem Mikro abstellen. Silvio war konsterniert, wir bogen uns vor Lachen hinter unseren Instrumenten.

Nur einmal wurde es ernst. Wir spielten wieder in einem kleinen Nest, Roberto sang zum allgemeinen Entzücken sein *Angel negro*, ich stand hinter ihm und begleitete ihn. Mitten im Lied bekam ein Herr in der ersten Reihe einen fürchterlichen epileptischen Anfall. Na ja, ich hatte nie einen dunkelhäutigen Menschen blaß werden sehen, aber Roberto wurde weiß wie die Wand, er mußte abbrechen für den Abend. Er war so schockiert, daß er nicht mehr singen konnte. Am nächsten Tag war ich äußerst gutgelaunt und etwas übermütig, da Willy Kettel uns beehrte, der alte Schlagzeuger der *Rosita-Bar*, den ich in meinen jungen Jahren bewundert hatte und noch immer bewunderte, auch wenn er inzwischen in diesem Nest Klavier spielen mußte. Jedenfalls ritt mich der Teufel, mitten im *Angel negro* tippte ich Roberto auf die Schulter, zwinkerte ihm zu und begann mit dem ganzen Körper zu zucken – er wurde abermals weiß und mußte wieder abbrechen! Ich glaube, es würde heute noch funktionieren, aber ich habe es wohlweislich nicht wieder probiert.

Die Tour dauerte drei Monate und war anstrengend. Wir rockten und rollten in einem Autobus durchs ganze Land. Manchmal stiegen Künstler zu, die uns nur für einige Auftritte begleiteten. So wurde die bunte Crew immer wieder neu gemischt. Eines Morgens bestieg ich den Bus und entdeckte einen neues, mir bekanntes Gesicht. Es dauerte einen Moment, bis ich wußte, woher ich den Mann kannte, doch da hatte er mich schon identifiziert, und wir fielen uns um den Hals. Boby John war ein ziemlich bekannter Komiker, dessen berühmteste Paradenummer »Herr Fröhlich und Herr Schön« mich schon in Theresienstadt begeistert hatte. Er wiederum war damals angetan und angerührt von dem Steppke, der bei den Ghetto-Swingers am Schlagzeug saß. Nun schwelgten wir in herzlicher wie trauriger Erinnerung und konnten unser Glück kaum ausdrücken, in Freiheit durch dieses Land zu reisen und für den richtigen Mann auf die Bühne zu treten. Heute in Bayern, morgen an der Nordsee, übermorgen wieder im Allgäu; so lernte ich meine Heimat wenigstens kennen, wenn schon nicht unbedingt lieben.

Nach ein paar Wochen machte mir wieder die Gesundheit zu schaffen – die ständigen »Erinnerungen« an die Lagerzeit. Herz und Lunge hatten Auschwitz-Birkenau und vor allem die Winternächte auf dem Lehmboden von Kaufering sowie den anschließenden Flecktyphus nicht unbeschadet überstanden, ich mußte für längere Zeit pausieren. Die Monate im Krankenhaus waren die Hölle: schön ruhig sein, nicht rauchen, die Nächte im Bett verbringen – alles in allem kein erstrebenswerter Zustand. Aber ich hatte Zeit zum Nachdenken und nutzte sie, mich zu entscheiden, nicht nur für Radio- und Fernsehauftritte eine eigene Combo aufzubauen, sondern wieder selbständig zu werden. Im Sommer 1962, kurz nachdem Bubi Scholz, das Berliner Stehaufmännchen aus dem *Sportpalast*, seinen mühsam in einem großartigen Comeback erkämpften Weltmeistertitel im Halbschwergewicht wieder verlor, begannen wir zu proben. Unseren Einstand gaben wir standesgemäß bei der Eröffnung des *New Eden Salons*, mit Mitternachtsshow, Kabarett und Tanz.

Für den Winter wurde die Combo – als Nachfolger der Gabbe-Band – in die Bar des *Palladium* engagiert, eines riesigen Schuppens mit dem Beinamen »Haus der tausend Clubsessel«! Ich denke, es waren nur etwa fünfhundert. Endlich war ich wieder in meinem gewohnten Rhythmus: Unser Vertrag verpflichtete uns samstags bis halb fünf und wochentags bis drei Uhr morgens. Das Publikum versuchte sich mit einer Wucht zu amüsieren, die man heute nicht mehr kennt, der Laden lief auf Hochtouren.

Talentwettbewerbe hatten Konjunktur. Jeden Tag kamen junge Menschen herein, die sich in den Kopf gesetzt hatten, hier mit wenig Aufwand reich und berühmt zu werden. Was dabei herauskam, war meist, trotz einigen Vergnügens, verheerend. Aber manchmal war jemand dabei, der das Zeug hatte, mitzumischen in der Schlagerwelt. Eines Abends wurde uns eine junge Frau namens Manuela vorgestellt, die tagsüber in einer Fabrik arbeitete und durch ihren Freund promotet wurde, der »Banane« gerufen wurde, weil er Obstverkäufer war. Sie sang nicht schlecht, und der Chef vom Meisel-Musikverlag, mit dem ich oft zu tun hatte, bat mich, ihr ein wenig auf der Gitarre zu zeigen. Sie zu unterrichten fiel nicht schwer. Schon bald darauf erschien ihre erste Platte *Schuld war nur der Bossa Nova*. Bei einem ähnlichen Sängerwettstreit in der *Neuen Welt*, diesmal mußte ich die Veranstaltung von einem Platz in der Jury aus verfolgen, entschieden wir uns für einen eigenartigen, aber sehr guten Knaben, der sich Drafi Deutscher nannte. Wenig später, im *Romanischen Café*, begleiteten wir ein kleines Mädchen, das uns zuvor schüchtern gefragt hatte, ob wir denn auch »Mamatschi, schenk mir ein Pferdchen« spielen könnten. Na, das taten wir gerne, und tatsächlich gewann Marianne Rosenberg an jenem Abend ihren ersten Plattenvertrag.

Berlin war längst wieder zur Hauptstadt der leichten Muse geworden, jeder Abend brachte neue Attraktionen. Bei uns im *Palladium* spielten die angeblich tollsten Schauorchester des Kontinents, von denen einige dies Versprechen auch hielten. Und im Ballsaal des Hilton twisteten wir um die Wette mit den Rebel Guys und den Team-Beats, während die TNT-Combo die topaktuelle holländische *Linda-Lu-Bademodenschau* präsentierte. Herrliche Wirtschafts- und Wunderzeiten.

Die neue Musik »made in Germany« sorgte übrigens längst wieder für Furore. Helmut Zacharias war in aller Munde, und Bert Kaempfert galt mit seinen Songs *Strangers in the night* und *Moon over Naples* inzwischen als erstrangiger »Hitmaker«. Dreitausendfünfhundert amerikanische Diskjockeys kürten seine Jungs zum »Zukunftsorchester No. 1«!

Im Juni 1963 versicherte John F. Kennedy glaubhaft, er sei eigentlich einer von uns Berlinern, und wir, die Coco Schumann Combo, revanchierten uns dafür mit einer erneuten Verpflichtung im NCO-Club *Silverwings*, als »special service« für die Berlin-Brigade. Im Club war jeden Tag was los: Bingo-Abende, Tanzveranstaltungen, »Poor Boys Nite« – Abstürze mit Drinks für zehn Cents. Leider konnten wir nur die Hälfte unseres Repertoires spielen, denn Melodien und Stücke aus sowjetisch kontrollierten Gebieten und kommunistischen Ländern waren nicht erwünscht. Unter anderem wiesen die Verträge auch »Reden oder Gesten gegen eine Nato-Nation oder gegen die Regierung der BRD oder die Vereinigten Staaten von Amerika« als Kündigungsgrund aus, neben Ungehorsam, Trunkenheit, Rauchen auf der Bühne sowie obszönem, anstößigem Repertoire. Letzteres war eine Sache der Auslegung. Wir hatten als Unterhaltungsmusiker keine gute Position, wir waren weder Stars noch Amerikaner.

Anfang 1964 löste ich meine Combo auf und gründete zusammen mit Wolfgang Kuntze am Bass, Günter Mozer am Schlagzeug und Rolf Sztuka am Piano und einer der ersten Berliner Hammond-Orgeln mein neues »Radio- und Schallplatten-Quartett«. Unseren Einstand gaben wir im *Drugstore* auf dem Kurfürstendamm. Es bewies sich sofort, daß wir gut zusammenpaßten. Wir erhielten einen wirklich bemerkenswerten Vertrag.

An einem Freitagabend im Frühjahr betrat ich das *Kasino am Zoo*, einen großen, modernen Laden in der Budapester Straße. Ich kam rauf in den Saal und erschrak – ganze neun Zuschauer hockten dort und genossen die Aussicht auf die Gedächtniskirche. Plötzlich aus der Mode zu sein konnte einem solchen Etablissement über Nacht passieren. Aber es half nichts, wir brauchten einen Job. So unterschrieb ich für die Wochenenden zweier Monate, nicht ohne mir beim Abschied anhören zu müssen: »Viel Glück, Herr Schumann, aber geben Sie sich keinen falschen Hoffnungen hin, den Freitag kriegen Sie nicht voll.«

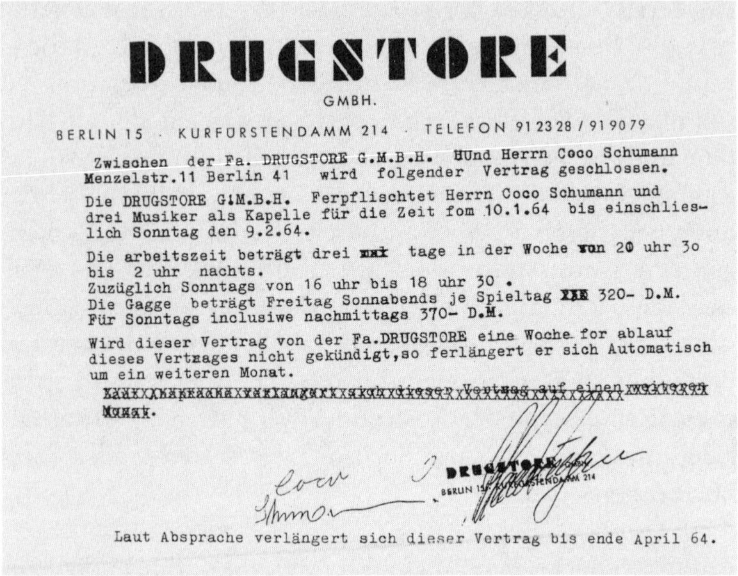

DRUGSTORE

GMBH.

BERLIN 15 · KURFÜRSTENDAMM 214 · TELEFON 91 23 28 / 91 90 79

Zwischen der Fa. DRUGSTORE G.M.B.H. Und Herrn Coco Schumann Menzelstr.11 Berlin 41 wird folgender Vertrag geschlossen.

Die DRUGSTORE G.M.B.H. Ferpflischtet Herrn Coco Schumann und drei Musiker als Kapelle für die Zeit fom 10.1.64 bis einschlies-lich Sonntag den 9.2.64.

Die arbeitszeit beträgt drei tage in der Woche 20 uhr 3o bis 2 uhr nachts.
Zuzüglich Sonntags von 16 uhr bis 18 uhr 30 .
Die Gagge beträgt Freitag Sonnabends je Spieltag 320- D.M.
Für Sonntags inclusiwe nachmittags 370- D.M.

Wird dieser Vertrag von der Fa.DRUGSTORE eine Woche for ablauf dieses Vertrages nicht gekündigt,so ferlängert er sich Automatisch um ein weiteren Monat.

~~sich dieser Vertrag auf einen weiteren Monat.~~

Coco Schumann

DRUGSTORE GMBH BERLIN 15 KURFÜRSTENDAMM 214

Laut Absprache verlängert sich dieser Vertrag bis ende April 64.

Im *Drugstore* am Kurfürstendamm
Rolf Sztuka, Günter Mozer, Wolfgang Kuntze, Coco Schumann

Acht Wochen später stand ich zur Verlängerung des Vertrages wieder in ihrem Büro und wurde angeraunzt: »Was ist denn heute mit Ihnen los? Es ist Freitag und nur hundertfünfzig Leute da!« Wir spielten den Laden Schritt für Schritt wieder voll und blieben, mit Unterbrechung, rund drei Jahre dort.

So erfuhren wir, welch hartes Brot es sein kann, die Stimmungskanone geben zu müssen. Wir spielten alles, was geeignet war, Leben in die Bude zu bringen, von seltenen Swingtiteln über den neuesten arabischen Ohrwurm und ungarische Romanzen bis zu rheinweinseligen Karnevalsschlagern. Ich muß ehrlich zugeben: Es hat Spaß gemacht. Ich hatte nie ein Problem mit der angeblichen Niveaulosigkeit bestimmter Musikarten. Für mich gibt es auf der Bühne nur ein Kriterium: die Qualität des Titels und seine Wirksamkeit aufs Publikum. Das war meist von unserem Programm sehr begeistert, gleich, ob wir russisch, türkisch, amerikanisch, brasilianisch oder norwegisch sangen, was wir nur phonetisch taten – eine Übung, die einem, wenn man sie einmal beherrscht, große Bewunderung einzubringen in der Lage ist. Der beste in dieser Beziehung war unser Bassist Wolfgang Kuntze.

Die Tage im *Kasino am Zoo* waren fröhlich – und feucht. Man könnte auch sagen, sie stiegen uns zu Kopfe. Ich hatte schon erwähnt, daß wir nicht in alkoholfreien Gaststätten spielten, mit anderen Worten: Wir soffen manchmal wie die Löcher; das bleibt nicht aus in dem Gewerbe. Zuweilen richteten wir, kornblumenblau nach Feierabend die Lokale zügig wechselnd, ein munteres Durcheinander im einsetzenden Berufsverkehr an und ließen manch anständigen Menschen sein müdes Haupt angesichts solch alberner Ausschreitungen schütteln.

So vergnüglich diese Ausklänge auch waren, so zweischneidig waren sie als Dauerzustand. Für einige von uns entwickelte sich der Alkohol zu einem echten Problem, und er hat manches Können und zahlreiche Karrieren anfänglich belebt, letztlich aber hart ausgebremst. Ich kenne nur wenige, die daraus die Konsequenz zogen und sich aufs Trockene begaben.

Für mich selber war der »Sprit« manchmal ein spezielles, aber nie ein umfassendes Problem. Die Menschen besitzen eben eine unterschiedliche Konstitution. Lange Zeiten hindurch kam ich selten von der Arbeit, ohne mindestens eine Flasche Schnaps getrunken zu haben. Aber ich konnte jederzeit, wenn's drauf ankam, darauf verzichten, hatte auch oft gar keinen Spaß mehr am Trinken und stieg auf echte Wässerchen um. Seit längerem darf ich sowieso nicht mehr, aber das hat mich keinerlei Mühen gekostet. Zahllose äußerst verlockende Gläser, letztlich aber auch dieser problematische Kelch sind seither an mir vorübergegangen.

Wenn ich mir heute die Aufnahmen aus dem *Kasino am Zoo* anhöre, bin ich verblüfft, was wir dort alles geboten haben. Die verschiedenen Interessen eines buntgemischten Publikums galt es unter einen Hut zu bringen. Die Uhren des Showbusineß drehen sich bekanntlich schnell. Manchmal hörten wir einen neuen Hit im Radio, notierten ihn über Nacht, also tagsüber, und spielten ihn schon am nächsten Tag, was unser Publikum in Verwirrung und Begeisterung stürzte.

Und eine Menge Gefühl für den Verlauf eines Abends gehört eben auch dazu. Man kann eine wunderschöne heiße Jazznummer vor einem entsprechenden Publikum zum falschen Zeitpunkt spielen und damit absolut abschmieren. Wartet man auf den geeigneten Moment, vielleicht nur eine halbe Stunde später, schreit jeder Laubenpieperverein dabei vor Freude. Man muß sein Publikum sehr genau beobachten, um es zu kennen – und zu mögen. Als Unterhaltungsmusiker hat man seine Verpflichtung gegenüber den Zuhörern.

Sie arbeiten den ganzen Tag, um sich anschließend die Erholung leisten zu können. Man darf sich nicht zu sehr von ihnen bitten lassen und muß ahnen, spüren, was sie von einem erwarten. Wer das kann, darf sich auch unerwartet Überraschungen erlauben und ist in der Lage, den verschiedenen Richtungen einen eigenen, unverwechselbaren Stil zu verpassen. Ich glaube, mit unserem Quartett ist uns das damals gelungen.

Noch bewegten sich alle Musikrichtungen neben- beziehungsweise miteinander, was ich persönlich sehr genoß. Bis auf Country und deutsche Volksmusik mochte ich alles, was gut war, wenn ich es verstand. Schwierigkeiten hatte ich zugegebenermaßen mit den Wandlungen des Jazz. In der *Jazzgalerie*, einem Laden in der Bundesallee, in den es mich eines Abends verschlug, hörte ich echten Free Jazz. Ich konnte beim besten Willen nicht viel damit anfangen. Sie fragten mich, ob ich mitmachen wolle, also stellte ich mich etwas halbherzig in meinem weißen Anzug dazu und spielte irgendwas auf den Saiten rum, von dem ich alles andere als überzeugt war. Das Publikum klatschte und schien ganz angetan, aber diese Art der Musik behagte mir nicht, obwohl hervorragende Musiker spielten. Meine Art zu improvisieren kam eben aus einer ganz anderen, schon lange zurückliegenden Welt und hatte mit der Selbstverwirklichung, die hier gefordert war, wenig zu schaffen. Viele meiner Freunde, auch Nichtmusiker, empfanden ähnlich. Die Jazz-Szene begann sich aufzulösen und neu zu formieren. Eine besondere Vorliebe hatte ich für die coole Art von Dave Brubeck, Paul Desmond, Gerry Mulligan, Astrud Gilberto, deren Musik ich genoß, deren Weise, Melodien zu empfinden, mir sehr entsprach. Das gleiche galt übrigens auch für Jimi Hendrix, den ich gewissermaßen für sein Können bewunderte, dessen Spielweise ich aber nicht nachzuempfinden versuchte, weil ich nicht in meine kostbaren Gitarren beißen wollte.

Ich hatte mir eine Hoyer umbauen lassen, mit besonderen Tonabnehmern und Schaltungen für spezielle Effekte, die ich im *Kasino* brauchte, für Sirtaki und derlei exotische Sachen. Mit diesem sogenannten Ungehoyer landete ich eines frühen Feierabends beim Konzert der damals sehr bekannten schwedischen Pop-Gruppe The Spotnicks, deren Markenzeichen ein spaciger Gitarrensound mit reichlich Hall war, ähnlich dem Klang der Shadows. Einer der Veranstalter erkannte mich und bat mich auf die Bühne. Wir improvisierten zusammen meine Nummer *Rockin' guitar*. Im Saal brach die Hölle los, ich blieb den ganzen restlichen Abend dabei. Die Spotnicks spielten damals auch viele Coverversionen von Evergreens jeglicher Provenienz, was mir sehr gelegen kam, so gaben wir sowohl eine heiße Rockversion von *In the mood* als auch eine Astronautenfassung der *Habanera* aus Bizets *Carmen* und, nach der Spotnick-Interpretation der *Ku'damm-Promenade*, eine zeitgemäß elektrische Auslegung von *Hava Nagila*, was mich besonders freute. Von diesem schönen Lied gibt es bestimmt genauso viele bemerkenswerte Versionen wie von *La Paloma*.

Im Frühjahr 1965 gingen wir – eine Woche, bevor sich Cassius Clay gegen Sonny Liston erstmals den Weltmeistertitel holte – noch einmal mit einer Reihe von Stars für Willy Brandt auf Tournee, der inzwischen Parteichef der SPD geworden war. Wir fingen unsere Show direkt mit *Skinny minny, Stupid cupid* und *Razzle dazzle* an und wechselten erst zur *Berliner Luft* über, als Willy endlich die Bühne betrat und das Publikum bereits erledigt in den Seilen hing. Letztendlich konnten wir das Kabinett des Ludwig Erhard aber auch diesmal nicht verhindern.

Dann machte ich die Bekanntschaft mit dem Boxsportruheständler Bubi Scholz, der seiner Frau Helga inzwischen eine Kosmetikkette und sich selbst eine Werbeagentur auf-

Im *Red Rose,* 1965
Rolf Sztuka, Günter Mozer, Coco Schumann, Wolfgang Kuntze

gebaut hatte, seine eigene Popularität als Filmschauspieler und Sänger vermarktete und für den Nightclub *Red Rose* im Europa-Center auf der Suche nach einer guten Band war. Er machte uns ein Angebot, das wir nicht ablehnen konnten; so verbrachten wir einen heißen Herbst und Winter inmitten einer wirklich faszinierenden Show mit Stars des *Casino de Monte Carlo* und des Pariser *Lido*, mit den Hovens, Komikern aus Las Vegas, und mit Jackie France, dem »Mannequin de la nuit«, Kiki Omnibus aus dem *Crazy Horse*, und Nadja Nadlova aus Brüssel, die beim abschließenden »Finale intime« durchaus überzeugten. Eine der Damen nannte sich Natascha. Wenn sie sich auszog, hörten die Beine gar nicht mehr auf. Nur wenn sie den Mund aufmachte, sächselte sie so, daß alles zu spät war. Ein guter Striptease ist weder einfach noch anrüchig. Er ist eine echte Kunst, oder besser gesagt: war eine, denn auch in dem Metier hat sich viel verändert. Wenn ich daran zurückdenke, war der Job jedenfalls klasse.

Wir machten 1970 noch einmal etwas in der Art. Im *Daily Girl Club* wurde – neben einem sogenannten Krabben-Service mit einem Dutzend »Topless Girls« – noch ein echtes Weltstadtprogramm geboten, mit Artisten und Illusionisten der alten Schule des Varieté.

In der Zwischenzeit kreiste unser Quartett quer durch Westberlin; wir spielten im *Töff-Töff*, im *Club 50* und im *Bal Paré*, dem Nachfolger des auch für mich legendären Lokals *Casaleon* in der Hasenheide, in dem ich als kleiner Junge schon mitgemischt hatte. Heute befindet sich dort übrigens eine Pizzeria namens *Casaleone*, man hat die alten Zeiten nicht ganz vergessen! Zwischendurch kehrten wir wieder ins *Kasino am Zoo* zurück, um die Besucherzahlen der Freitagabende zu stabilisieren.

Einerseits gefiel mir, da wir den Sprung nach »ganz oben« nicht geschafft hatten, dieses Dasein als »Handwerker« recht gut. Ich konnte meine kleine Familie ernähren. Andererseits juckte mir langsam wieder das Fell, und ich begann zu überlegen, was die Welt uns außer der Berliner Gemütlichkeit noch alles zu bieten hatte. Um meine Kontakte zu Musikern in anderen Ländern hatte ich mich lange nicht gekümmert, und zwei Engagements, die ich zu organisieren versuchte, im *Officers Club* in Tripolis und in einem noblen Hotel in Tunesien, funktionierten aus finanziellen Gründen nicht. Für die Verwirklichung des ständigen heimlichen Wunsches von Traute und mir, nach Amerika auszuwandern, fehlte vielleicht der Mut, bestimmt aber die finanzielle Ausstattung.

So blieb mir nichts anderes übrig, als mich über das Engagement zu freuen, das mein Quartett im Sommer 1968 bekam: ein mehrmonatiges Sondergastspiel im *Romanischen Café*. Das war ein Betrieb des Blatzheim-Konzerns, wodurch der Job krisenfest und relativ gut bezahlt war – wenn man mit der strengen Disziplin des Hauses keine Schwierigkeiten bekam. So waren wir denn brav, fleißig und züchtig und sparten uns die nötigen Ausfälle für den Feierabend auf. Im Frühjahr wurden wir versetzt, was sich ein Arbeitgeber wie Blatzheim ohne weiteres im Vertrag vorbehalten konnte und bei uns auch getan hatte. Ich hatte bei der Unterzeichnung das Kleingedruckte überlesen. Das berühmte *Park-Café* im fernen München war in eine Flaute geraten und machte der Geschäftsleitung entsprechende Sorgen; sie beschloß, daß wir genau die Richtigen wären. Schon kurz nach der Ankunft bekamen wir das strenge Regiment zu spüren, hier wehte ein harter Wind. Doch auch wir hatten unseren Stolz und spielten zum Tanztee und abends in der uns gewohnten Weise drauflos, das ganze aktuelle Hit-Programm rauf und runter. Kuntzes Vater hatte eine Pension in Reit im Winkel, so beherrschte Wolfgang einen fürchterlich bayerischen Akzent, der einschlug wie eine Bombe.

Musikalisch gaben wir unser Bestes, aber auch sonst waren wir vorbildlich: Nach wiederholten Hinweisen auf die geforderte Pünktlichkeit machten wir uns das Vergnügen, Rolf Sztukas Uhr auf die Hammond-Orgel zu legen und ein paar verdeckte Zeichen zu verabreden. Wir fingen auf die Sekunde genau um sechzehn Uhr an und hörten auch, egal was wir spielten, mit dem letzten Ton um Punkt achtzehn Uhr auf. Der Belegschaft fiel jedesmal die Kinnlade runter, wir hatten unseren Spaß. Nach einer Woche verriet uns der Oberkellner, daß der Geschäftsführer bereits seiner Belegschaft mitgeteilt hatte: »Wenn Herr Schumann anfängt, stellen Sie bitte Ihre Uhren!« Und nach einer weiteren Woche stammelte er ganz verstört: »Meine Herren, das ist in unserem Betrieb noch nie vorgekommen: Der Herr Direktor läßt fragen, was die Herren trinken möchten!«

Zu guter Letzt hielt ich den Bezirksdirektor um eine höhere Gage an, was bei Blatzheim einer wirklichen Frechheit gleichkam, doch in unserem Fall zum sofortigen Erfolg führte und im Zusatzvertrag mit der Feststellung kommentiert wurde: »Sie haben danach keinerlei Forderungen mehr und werden keine stellen.« Jawoll! So froh war ich selten, daß ein Gastspiel zu Ende war.

Die Zeiten hatten ein sorgenvolleres Gesicht bekommen, die Stimmung war längst nicht mehr ähnlich vergnügungssüchtig wie zuvor. Zahlreiche alte Läden hatten dichtgemacht, andere konnten sich keine Kapellen mehr leisten, auch die Rundfunkjobs waren rar. Ich war ein wenig hin- und hergerissen zwischen der beständigen und nach wie vor erfolgreichen Arbeit unseres Quartetts und den Gedanken, ob die Zukunft nicht ganz andere Aufgaben bieten konnte.

Die Stimmung im Land war nicht die beste. Deutschland fing schon wieder an, sich für die Extreme zu entscheiden; die NPD war eine feste Größe im politischen Spektrum geworden. Auch was die extreme Linke hervorbrachte, war nicht unbedingt meine Kragenweite. Ich meinte manchmal, das »Spiel« aus meiner Jugend wiederzuerkennen. Ich war deprimiert. Zu allem Überfluß stürzte auch noch Rocky Marciano, der Champion aller Klassen, mit dem Flugzeug ab. Dann teilte mir die SPD mit, daß sie sich anläßlich des bevorstehenden Wahlkampfes für einen neuen, »sachlichen« Stil entschieden habe, was für uns schade, letztendlich aber erfolgreich war: Willy Brandt wurde im Oktober 1969 endlich Kanzler.

Trotz des Wahlausgangs spielten Traute und ich verstärkt mit dem Gedanken, Deutschland erneut zu verlassen. Natürlich dachten wir bei unseren Plänen auch an meinen alten Lieblingsonkel Arthur, mit dem wir all die Jahrzehnte hindurch in Kontakt standen. Er und seine erste Frau Edith hatten es, im Gegensatz zum Rest der Familie, klug gemacht, als Reaktion auf die Geschehnisse des 9. November 1938 Deutschland den Rücken zu kehren. Damals hatte ich das nicht verstehen können, war auch enttäuscht, denn ich liebte die beiden. Aber immerhin hat seine Entscheidung mit dazu beigetragen, daß ich wurde, was ich bin, denn er hatte mir ja sein Schlagzeug hinterlassen. Er selbst kam in seinem Leben nicht mehr zur Musik zurück – immer passierte zuviel.

Schon bei der damaligen Ankunft in La Paz: Er hatte seinem Freund bei der bolivianischen Gesandtschaft in Berlin, der ebenfalls das Land verließ, Brillanten übergeben, die dieser in seinem Diplomatengepäck transportieren sollte. Das tat er auch. Aber dann verschwand er mit ihnen – die erste herbe Enttäuschung. So mußten mein Onkel und meine Tante mit dem neu anfangen, was ihnen geblieben war: einem Schrankkoffer voll Abendgarderobe, zuvorderst der besagte weiße Smoking.

Als echter Mann von Welt hatte Arthur keine Probleme, sich in jeder Situation zu helfen. Er eröffnete in Cochabamba einen kleinen Friseursalon mit angegliederter Bar und wurde schnell zu einem Anlaufpunkt für eine große Anzahl Berliner Emigranten, die so in den Genuß seiner Kunst kamen. Sie hatten den Kontinent wechseln müssen, nicht aber ihren Friseur.

Einen kleinen Nebenerwerb verschaffte er sich als Schmuggler – von Schuhen! Denn die waren in Bolivien extrem teuer, im Nachbarland Peru jedoch preiswert. Er nutzte seinen exotischen Teint, schminkte sich etwas lateinamerikanischer, warf sich in alte Klamotten, zog schlechtestes Schuhwerk an und machte über die Grenze, Richtung Titicacasee. Wenn er des Abends zurückkehrte, wurde er von den Zöllnern stets von oben bis unten gefilzt. Doch obschon ihnen sonnenklar war, daß er etwas schmuggelte, konnten sie nichts finden. Arthur reiste mit seinen nagelneuen Schuhen durchs bolivianische Hochland nach Hause und hatte wieder seinen Schnitt gemacht!

Bald hatten Edith und er genug verdient, so daß sie sich trauten, nach Nordamerika zu wechseln, um im Umland von New York eine Hühnerfarm aufzuziehen. Das war nicht das Gelbe vom Ei, denn das liebe Federvieh wurde von einer Krankheit dahingerafft. Kurz nach Kriegsende landeten sie downtown, mitten in New York. Mein Onkel ging aufs Ganze und eröffnete einen Salon auf der Fifth Avenue, mit fünf prächtigen Schaufenstern und einer echten Novität à la Arthur: Angegliedert war eine Schnellreinigung, die illustre Kundschaft – Perry Como war Stammgast – wurde während der Frisur in einen Bademantel gekleidet. Erst nach vollbrachtem Haarschnitt bekam sie ihre frischgereinigte Bekleidung zurück.

Der Laden war ein Hit, schnell wurden beide wohlhabend. Arthur wechselte ins Immobilienfach, spekulierte mit Wolkenkratzer-Anteilen, doch auch ihn packte nach dem Tod seiner Frau noch einmal die Rastlosigkeit. Er wollte wissen, wie es sich im »neuen« Europa leben ließ. Er siedelte in die Schweiz und dann nach Israel über, letztendlich war beides nichts für ihn. So ließ er sich mit seiner zweiten Frau Rita in Miami nieder.

Einmal im Jahr besuchte er uns und seine ehemalige Heimat. Dabei ist es bis heute geblieben. Er wird im September dieses Jahres vierundneunzig Jahre alt und freut sich seines Lebens wie eh und je.

Ihn und sein Schicksal hatten wir im Kopf, als wir überlegten, in Berlin zu bleiben oder die Stadt zu verlassen. Uns fehlte aber die Entschlußkraft und die Absicherung. Denn ein Abenteurer wie mein Onkel war und bin ich nicht.

Doswedanje

Im Frühjahr 1970 traf ich meinen alten Freund Bully Buhlan wieder. Ich tat brav meine Arbeit, spielte neben ein paar Auftritten in der Jüdischen Gemeinde, zu Bar-Mizwas, Tanztees sowie ähnlichen Feierlichkeiten und ein wenig halbherzig im Restaurant *Romana* am Kurfürstendamm.

Aber was Bully mir erzählte, sollte in den nächsten Jahren zu einer Luftveränderung führen. Selbst er hatte sich in den letzten Jahren durchschlagen müssen. So war er »zur See gefahren« und spielte auf Kreuzfahrtschiffen. Zuerst war ich fast entsetzt, denn ich dachte an miefige »Butterfahrten« nach Dänemark und zurück. Aber damals besaßen die großen Kreuzfahrten, wie er mich sofort aufklärte, durchaus Niveau, auch wenn Neckermann versuchte, ganz »normale« Touristen dafür zu gewinnen. Es schien nicht das Schlechteste zu sein. Also schickte ich einen Zusammenschnitt unserer Aufnahmen an die Agentur, die er mir nannte.

Gleich am nächsten Tag rief sie bei mir an und meinte, wenn wir wirklich kommen wollten, sei das eine echte Sensation. Das ließen wir uns in jenen Tagen nicht zweimal sagen. Hinzu kam sicher, daß ich auf diesem Wege auch wieder einmal die Nase in den Wind stecken konnte und ein wenig »Urlaub von der Heimat« bekam.

Am 26. März ging unser Quartett in Genua als Teil einer dreihundertsiebzig Mann starken Besatzung an Bord der *Taras Shevchenko*, eines der damals modernsten Ozeanriesen der Welt. In Odessa war er unter die Flagge der Schwarzmeer-Reederei gestellt worden und nun, von Neckermann gechartert, für deutsche Mittelmeer- und Orientrundreisende im Dienst. Das boomende deutsche Touristikunternehmen hatte einen Glücksgriff getan, der Pott war mit seinen

Coco Schumanns Band auf der *Taras*
Heinz Eckhardt, Coco Schumann, Rolf Sztuka, Jürgen Schwan

fast einhundertachtzig Metern und achtundzwanzig PS auf jeden der siebenhundertfünfzig Passagiere wirklich gewaltig und zu allem Überfluß auch äußerst elegant. Neun Decks beherbergten neben komfortablen Kabinen diverse Gesellschaftsräume, Speisesäle, Swimmingpools mit Glasdächern, Kinos, Musik-Salons, Raucherzimmer und, am wichtigsten für uns, fünf Bars.

Als der Steward uns mit der neuen Umgebung und unserem Status vertraut machte – wir genossen als »besondere« Angestellte das Leben und den Service der Passagiere –, fühlten wir uns direkt zu Hause, bauten die für den Transport in aufwendiger und komplizierter Heimarbeit auseinandergesägte Hammond-Orgel wieder zusammen und hatten nichts mehr dagegen, ein Teilchen dieser großen Traummaschine zu sein. Der Kahn war benannt nach dem revolutionären ukrainischen Dichter Taras Grigorjewitsch Shevchenko, der zeitlebens Schwierigkeiten mit dem Zaren gehabt hatte und

1861 mit nur siebenundvierzig Jahren gestorben war. Unser Schiff vereinigte auf sehr schöne Weise russische Mentalität, stark zurückgenommene sozialistische Ideologie und die Unterhaltungs- und Entspannungsbedürfnisse einiger Hundert kapitalistischer Touristen, die nach anfänglichen leichten Berührungsängsten mit der angeblichen »roten Gefahr« keinerlei Schwierigkeiten hatten, Charme und Luxus zu genießen. Sie konnten ja nicht wissen, daß der Kapitän der *Taras* ein Schiff der russischen Kriegsmarine in der Schweinebucht befehligt hatte, vor nicht allzu langer Zeit. Wahrscheinlich waren nicht wenige Mitglieder der Besatzung beteiligt gewesen an jenem bitteren Tag für die »freie, westliche« Welt, wer weiß? Zwischen Besatzung und Gästen bestand nur soviel Kontakt wie nötig, das ist auf solchen Dampfern üblich. Die Sowjets sahen auch nicht gerne, daß ihre Jungs sich mit dem Klassenfeind verbrüderten.

Von der Vierbett-Kabine erster Klasse aus, die mir wie auch den Leadern der anderen Bands zugewiesen wurde, hatte ich es nicht weit zu unserem Arbeitsplatz, der *Ukraine-Bar* hoch oben auf dem Bridge-Deck, dem schönsten Platz des Schiffes. Die Innenausstattung war geprägt von ukrainischer Volkskunst, die Bar bot neben allem, was sich gehört, eine Auswahl feinster Wodkas und armenischer, ukrainischer und moldauischer Cognacs. Die Schneiderei im zweiten Unterdeck richtete letzte Details an unserer Garderobe, und ab ging's. Das war schon ein wenig absurd, nach der Vorsicht, die wir kürzlich im *Silverwings Club* gegenüber östlicher Musik aufbringen mußten, nun aus dem vollen schöpfen zu können und damit beim Publikum und vor allem bei den Offizieren Begeisterung zu wecken. Als wir aus dem spanischen Hafen La Coruña ausliefen, sollten wir an Deck mit der russischen Schiffsband spielen. Ich schlug den russischen Evergreen *Doswedanje* vor. Erstaunt mußten wir feststellen, daß unsere russischen Kollegen verlegen be-

Kostümball auf der *Taras*
Coco Schumann, Rolf Sztuka, Günter Mozer, Wolfgang Kuntze

merkten, sie könnten das Lied nicht spielen. Nach Minuten hatten wir unser Arrangement notiert und ein eigenartiges Wechselspiel moderner Völkerverständigung vollzogen …

Zwei Tage später unterbrach uns der Erste Offizier kurz vor Feierabend, um halb vier Uhr morgens, und sagte: »Coco, mach Schluß, der Kapitän will mit dir sprechen. Heute mußt du trinken.« Zum Glück verstand ich mich schon gut mit der russischen Stewardeß Mascha an der Bar. Sie zog mich schnell in die Küche und fütterte mich in weiser Voraussicht mit allen möglichen fettigen Dingen, Ölsardinen und so. Auf zum Kapitän! Er hatte erfahren, daß ich, während meine Landsleute Stalingrad belagerten, im KZ gesessen hatte, und wollte mir netterweise seine Achtung erweisen, die sich im Laufe des Morgens in Hochachtung wandelte, als ich dem sechzigprozentigen »Starka-Wodka« standgehalten und den gesamten Kommandostab der *Taras* unter den Tisch getrunken hatte. Unser Verhältnis wurde im Lauf der Reise sehr herzlich – und sehr anstrengend.

Am nächsten Abend lernte ich den Politoffizier kennen und sagte zu ihm: »Weißte, der Kapitalismus ist schlecht, ganz, ganz schlecht!« Er schaute von seinem Glas auf, nickte und meinte: »Hast du recht, Coco. Bravo!«, und zur Bar: »Eh, einen Schnaps für Coco!« Wir stießen an, und ich fuhr fort: »Aber 'ne Million in der Tasche ist karaschtschow, oder?« Er schaute abermals auf und grinste: »Million in der Tasche ist oschi karaschtschow! Eh, noch 'n Schnaps für Coco!« Und so weiter.

Der Schnaps kostete nur dreißig Pfennig das Glas, der Cocktail mit dem lieblichen Namen »Tschernomorotschka« eine Mark achtzig. Viele der Urlauber waren solche Verhältnisse nicht gewohnt und lagen schon am frühen Abend auf den Gängen, andere schlingerten morgens direkt von der Bar zum Landgang und schliefen selig in den Museen oder Ruinen ein, deren Besuch auf dem Programm stand. Wir kamen meist um acht Uhr aus der Bar. Wenn wir uns nicht direkt auf das Sonnendeck packten und die Matrosen um uns herumputzen mußten, steckten wir noch eine Weile den Kopf in den warmen Mittelmeerwind und eine dicke »La Corona« in den Hals. Wir fanden die Welt in Ordnung.

Mit einem Offizier, Wassilij, verstand ich mich besonders gut, gemeinsam waren wir für die Einführung neuer Passagiere an Bord zuständig. Die frischen Gäste saßen nach der Kajütenzuteilung erst einmal scheu in einer der Bars und schauten sich um. Die russischen Uniformen waren ihnen fremd, verursachten wohl auch ein wenig Unbehagen. Wassilij und ich hockten am Tresen, warteten, bis das Schiff abgelegt hatte, und plauderten lauthals drauflos: »Herr Schumann, haben Sie heute schon Nachrichten gehört?« – »Nein, warum?« – »Es ist eben über Funk gekommen: Strauß ist ein russischer Spion!« – »Ach du meine Güte!« Die

Urlauber schauten ganz entsetzt zu uns herüber. »Und außerdem soll er Jude sein!« Während drinnen ein Tumult losbrach, verzogen wir uns aufs Deck, lehnten am Rettungsboot und wieherten vor Lachen. Das funktionierte immer!

Der Tagesablauf auf See war recht eingefahren, aber ein buntes und freiwilliges Programm sorgte für Zerstreuung und Sinn. Veranstaltungen der russischen Verwaltung wechselten ab mit ihrem »ideologischen« Gegengewicht, den von Neckermann initiierten Vergnügungen. Nach dem Frühstück wurde ein russischer Sprachkursus angeboten, an den sich ein Vortrag im Filmsaal anschloß: »Investmentpapiere – die interessante Geldanlage«! Dem wiederum folgte ein Frühschoppen mit dem russischen Orchester, ein Diavortrag über Marokko und ein Schachturnier in der Bibliothek. Zur Teestunde spielte man Bingo und vergnügte sich bei Rumbapromenaden für Fortgeschrittene auf dem Oberdeck. Das Kino füllte die Pausen bis zum Abendessen und dem Gala-Abend im großen Salon mit dem russischen Orchester, dem Comedien-Terzett und uns. Im Anschluß zogen wir wieder in die *Ukraine-Bar* um und machten mit der Neckermann-Schlagerparade die Nacht zum Tage.

Mit unserer Musik meisterten wir jede Situation. Schon in Malta war die ägyptische Geheimpolizei an Bord gekommen, um die Gesellschaft unter die Lupe zu nehmen, denn wir nahmen Kurs auf Alexandria. An der Suezfront herrschte nach wie vor Krieg, mit fürchterlichen Auseinandersetzungen zwischen Israel und der Vereinigten Arabischen Republik. Ich war besorgt wegen meines zweiten Vornamens Jakob in meinem Paß und bereitete meine Jungs auf den Abend vor.

Wolfgang Kuntze hatte die schon erwähnte seltene Gabe, rein phonetisch andere Sprachen nachzusingen. Da er zum Islam übergetreten war und inzwischen stundenlang den Koran runterbeten konnte – er sang übrigens auch manchmal in der Moschee am Hohenzollerndamm –, war er in seinem Element. Als mysteriöse Herren die Bar betraten, spielten wir den arabischen Tophit jener Tage, *Ayasin*. Ihnen fielen vor Begeisterung die Ohren ab. Das hatten sie nicht erwartet!

Als wir den schwer unter Waffen stehenden Hafen von Alexandria anliefen, wurde ich sogleich ins Immigration Department zitiert. Mir war gar nicht wohl, bis mich die Polizisten dort lachend begrüßten und ich vorgestellt wurde als der Chef einer deutsch-arabischen Band. Der »Jakob« spielte keine Rolle, und von nun an wurde ich schon von meinen neuen Freunden begrüßt, sobald die *Taras* am Kai festmachte.

Für die mittlerweile drei Kriege und die ständigen Streitereien zwischen Israel und seinen Nachbarn Libanon, Syrien, Jordanien und der VAR hatte ich kein Verständnis. Das lag daran, daß ich Krieg generell nicht begriff und begreifen wollte. Ich fühlte mich Israel innerlich verbunden und hatte schon mehrmals mit dem Gedanken gespielt, dort meine Zukunft zu suchen: Der Radikalismus hielt mich ab. Das orthodoxe Judentum wäre nicht meine Welt geworden, denn ich ließ mir nicht gerne etwas vorschreiben.

Der Umgang, den Israelis und Palästinenser bis zum heutigen Tag pflegen, ist mir ein Greuel. Vielleicht denke ich politisch zu naiv. Aber ich habe selber Angehörige durch »Terroristen« verloren. Die Kriege im Nahen Osten waren und sind nicht meine Kriege. Kein Krieg ist meiner. Ich habe viele Freunde unter Juden und Arabern, und ich spiele gern jüdische und arabische Musik – das allein zählt für mich.

Auf unserem Schiffsdeck waren wir also äußerst gutgelaunt. Wir waren jung, übermütig und fühlten uns auch so. Kein Moment war uns zu schade für einen mehr oder weniger guten Witz, kein Tag zu wichtig, um ihn nicht mit Albernheiten zu füllen. Die Landgänge absolvierten wir in einem auf dem Basar erstandenen bodenlangen Kaftan oder Burnus; die Stunden auf dem Sonnendeck hatten das übrige dazu getan, um uns darin orientalisch aussehen zu lassen, was mitunter kuriose Ergebnisse zeitigte.

An einem freien Tag in Istanbul, den ich an Deck verbrachte, erzählten mir zurückkehrende Passagiere, daß meine drei Knaben, Günter Mozer, Kuntze und Rolf Sztuka vollkommen verhüllt, mitten auf dem großen Basar standen. Mit Flöten und Tamburin machten sie Straßenmusik, natürlich türkische, und wurden von den Istanbulern mit einem warmen Münzenregen bedacht!

Als am nächsten Nachmittag das Schiff bereits mit Verspätung ablegen wollte, bemerkten wir, daß Kuntze fehlte. Wir beknieten den Ersten Offizier, einen Moment zu warten. Der Verlust unseres Bassisten und Sängers wäre böse für uns gewesen, entsprechend nervös standen wir an der Reling. Niemand in Sicht. Plötzlich kam ein Motorrad auf den Kai geprescht, der Sozius erklomm mit Fez und wehendem Kaftan die Gangway. Man wollte ihn nicht an Bord lassen, was ein fürchterliches Palaver zur Folge hatte, in dessen Verlauf wir Kuntzes Stimme vernahmen – auch wir hatten ihn nicht erkannt. Er war in der Moschee gewesen, um zu beten, und hatte sich anschließend verirrt, bis sich ebenjener Motorradfahrer seiner erbarmte.

Kurz vor unserer Ankunft in Beirut hatte man uns und die Passagiere vor dem Landgang ausdrücklich gewarnt, Rauschgift zu kaufen, da streng dagegen vorgegangen würde. Keiner könne uns mehr helfen, wenn wir im Gefängnis landeten. Wir legten also in diesem nach den feinsten Gewürzen duftenden Hafen an, ich bummelte die Gangway runter, sah ein paar Polizisten unten stehen und fühlte, daß der Teufel große Lust hatte, mich zu reiten. Also trat ich schnurstracks auf den Herrn mit den meisten Sternchen auf den Schultern zu und fragte ihn: »Excuse me, Sir, can you tell me where I can buy some hashish?«

Er guckte mich an, als ob ich von einem anderen Stern käme, und griff schon zu seinem Halfter. Offenbar grinste ich so blöd, daß er stutzte und schallend zu lachen anfing. Er rief seine Kollegen herbei, ich mußte meine Frage wiederholen, bis sich alle bogen vor Lachen. Wir wurden die besten Freunde, er brachte mir eine Menge furchtbarer arabischer Flüche bei, die ich gut einsetzen konnte, um auf dem Basar die Händler zu schockieren, wenn sie das Feilschen wieder mit irgendwelchen Märchenpreisen eröffneten.

Bald waren die Jungs und ich in der Hafengegend bekannt wie bunte Hunde und wurden auch hier schon stets erwartet, wenn die *Taras* in Beirut festmachte. Schließlich kannte ich sogar einen Taxifahrer, der nur für uns da war, solange wir im Hafen lagen. Beim zweiten oder dritten Aufenthalt stellte mich Paul seiner ganzen Familie vor, und in der Wohnung seiner zweiten Frau kramte er ein Päckchen hervor, das er mir als Geschenk überreichte. Später an Bord packte ich es aus – es war Roter Libanese! Ich hatte in meinem Leben schon viele Rauschgifte probiert, mit wechselndem Vergnügen, aber dieses Haschisch hier erwies sich als das allerbeste. Die Passagiere der *Taras* vergnügten sich an jenem ersten Abend in Beirut im *Casino de Liban*, das derzeit eines der tollsten Varietés der Welt war, viel besser als das *Moulin Rouge*. Wir hatten frei und probierten den Stoff.

Das *Casino* schloß diesmal früher als sonst, plötzlich strömten die Urlauber an Bord zurück. Wir wurden in die knallvolle *Ukraine-Bar* gerufen, zum Spielen, und krabbelten auf die Bühne. Als ich versuchte das Tempo anzugeben, blickte ich in die irrsinnig grinsenden Gesichter meiner Freunde und brach vor Lachen zusammen. Die Musik, die wir anstimmten, war gespenstisch langsam, untanzbar und nur für uns eine ungeheure Bewußtseinserweiterung. Der Auftritt wurde zur größten Katastrophe meines Bühnenlebens!

Obwohl auch Gertraud zweimal mitfahren konnte und wir die beste Kabine auf dem Schiff erhielten, oben auf dem Bootsdeck, nach vorne heraus, machte uns die permanente Trennung über Jahre zu schaffen. Denn so abenteuerlich und unterhaltsam diese Reisen für mich waren, so sehr vermißte ich Traute – und sie mich, alleine zu Hause sitzend, noch mehr. Im Frühjahr 1972 traf ich die Entscheidung, den Vertrag mit Neckermann nicht weiter zu verlängern.

Während meiner orientalischen Abenteuer hatte ich in Berlin ein wenig den Anschluß verloren. Immer weniger Läden konnten sich Livebands erlauben, die meisten stellten um auf Diskothek, die wenigen guten Jobs waren besetzt. Ich war nicht mehr sicher, ob die Leute meine Combo überhaupt hören wollten. Was für Möglichkeiten boten sich also? An eine Wiederaufnahme klempnerischer Tätigkeiten wollte ich nicht denken, aber außer ein bißchen Gitarre spielen hatte ich nur trinken gelernt.

Das war's! Wer nichts wird, wird Wirt. Ich entschloß mich, mir eine Kneipe zuzulegen, als Standbein und Altersvorsorge. Sogleich nahm ich Kontakt zu alten Freunden auf, die in dem Metier heimisch waren. Der Besitzer des *Bal Paré*, ein Architekt, hatte interessante Projekte an der Hand, die er meist selbst mit ein bißchen Pappe ausbaute und verpachtete. Durch ihn kam ich zu einem gemütlichen kleinen Laden in der Giesebrechtstraße, der ziemlich heruntergekommen war. Zuvor hatten die Räume ein persisches Restaurant beherbergt, einen wilden Laden, in dessen Küche man Maschinenpistolen erstehen konnte. Irgendwann muß eine Handgranate in die Friteuse gefallen sein, denn die gesamte Decke starrte fingerdick vor Fett.

Mit vereinten Kräften schrubbten wir einige Tage lang und warfen ein wenig Gips auf die Wände, damit sie spanischer aussahen. Nach langem Grübeln und unzähligen Vorschlägen entschlossen wir uns zu dem einzig möglichen Namen: *Coco-Bar!* Ich sprang kopfüber ins Wirtsleben. Außen an der Tür brachten wir ein riesiges Foto von mir mit Bierkrügen in der Hand an. Es sollte seine Wirkung nicht verfehlen. Als Kundschaft hatte ich mir all meine alten Bekannten aus der Szene gewünscht, also öffneten wir erst abends um zehn, wenn die anderen Läden Feierabend hatten. Sie kamen alle, Kellner und Diskjockeys, Musiker, Boxer und auch ein bißchen Halbwelt, genau, wie ich es mir vorgestellt hatte.

Endlich konnte ich öffentlich eine weitere meiner Leidenschaften befriedigen. Mit unserem libanesischen Koch boten wir einfache Gerichte mit speziellem Kniff an – alte »schwedische Rezepte« mit arabischem Einschlag. Die Kellner der Steakhäuser sparten sich ihren Appetit für meine streng geheimen Steakrezepte auf, die Musiker bekamen ihre Eintöpfe und Suppen, die Wirte und Bedienungen tranken sich eins, und die Prostituierten der Gegend kamen, durchaus willkommen, zum Aufwärmen herein. Ich kannte die Damen ja von meinen neugierigen Streifzügen durchs Scheunenviertel, durch die anschließende Zeit in den Jazzkellern und Bars, und mochte sie schon immer gerne. Ihr Beruf ist nicht schlechter als jeder andere. Ihre Zuhälter klopften manchmal brav an und fragten, ob sie hereinkommen dürften. Niemand von ihnen hat sich bei mir schlecht benommen. Hatte einer Lust auf Krawall, nahmen ihn die anderen gleich zur Brust und machten ihm auf der Straße klar, daß das überall okay wäre, nur nicht bei Coco!

Es lief ganz gut, wir hatten alle Hände voll zu tun. Oft klingelte um vier Uhr das Telefon, das *Café Keese* rief an: »Mach nicht zu, wir kommen alle und bringen Freier mit!« Damit waren spendierfreudige, hungrige Gäste gemeint, die sich an die Kellner hängten, um etwas zu erleben, Gäste, die man »abkochen« konnte. Na ja, das ist das Gewerbe. Der Laden lief so gut, daß wir statt des gewünschten geregelten Lebens genau das Gegenteil erreichten: Manchmal schloß ich erst »high noon«, zwölf Uhr mittags, die Türe und mußte bald darauf schon wieder anfangen, Gulasch mit Sauerkraut zu kochen, während Gertraud die Grundordnung wiederherstellte und Gläser polierte.

Nach ein paar Monaten waren wir erledigt. Als ich gerade dabei war, Bohnenkraut in die Steaks zu klopfen, klingelte das Telefon und Fräulein Fischer von Neckermann flötete mir ins Ohr: »Coco, ich hab hier die Liste für dich, für nächstes Jahr. Du kannst dir aussuchen, auf welchem Pott du fahren willst. Auf jeden Fall brauchen wir dich für die *Ta-*

ras, dieses Weihnachten in der Karibik. Buhlan ist an Bord, den kannst nur du begleiten.«

Lachend sagte ich: »Wie soll ich das denn machen? Die Zeiten sind vorbei, ich habe eine Kneipe und kann hier nicht weg.« Sie blieb trocken und meinte nur: »Ach, Coco, schau aus dem Fenster. Wie ist denn das Wetter bei euch?« Es war ein saukalter Novembertag, und es regnete aus vollen Schläuchen. »Okay, schick mir die Unterlagen, ich mach's.«

So fuhren Gertraud und ich kurze Zeit später gen Süden, um in Genua abermals die beste Kabine des Schiffes zu beziehen und das wunderschönste Weihnachten und Silvester seit der Nacht im Hotel der Amerikaner zu erleben. Wir gondelten in greifbarer Nähe der kleinen, aber feinen Isla del Coco umher – durch den Panamakanal, und knappe tausend Kilometer halbrechts –, während in einer Seitenstraße des Kurfürstendamms die nicht minder kleine und feine *Coco-Bar* bei Schneeregen und Streusalzgeruch steil bergab trieb. Wir hatten den Tresen mit einer Vertretung besetzt, die ein schnelles Ende herbeiführte. Wahrscheinlich war es so in Ordnung.

Als die *Taras* in Trinidad lag, kam Bully zu mir an den Swimmingpool und meinte, in der *Schwarzmeerbar* säße ein Organist, der mich sprechen wolle. Obwohl mich dort ein allzu typischer Amerikaner erwartete, erkannte ich ihn sofort: John Hansen. Wir hatten direkt nach dem Krieg eine Jam Session im *Faun* am Dammtor zusammen gespielt. Wir fielen uns um den Hals. Er hatte inzwischen Karriere in Amerika gemacht, doch auch er spielte mitunter auf Dampfern.

Kurz vor Ende der Reise trafen wir uns erneut, in Casablanca. John arbeitete auf der *Hamburg* der Atlantic Line, und da diese Firma meine Combo vom Hörensagen und durch begeisterte Passagiere der *Taras* kannte, hatte sie die Gelegenheit wahrgenommen und John auf mich angesetzt.

Die *Hanseatic*

Der fragte mich nun, ob ich nicht Lust hätte, auf der *Hanseatic* zu spielen, einem echten Luxusliner der gleichen Firma, die in Hamburg beheimatet war und von Fort Lauderdale aus mit amerikanischen Urlaubern durch die Karibik schipperte. Nachdem auf diese Weise meine Hoffnung geweckt worden war, in meinem Beruf doch noch ein bißchen Geld verdienen zu können, und mit einer Vorstellung von der entspannenden karibischen Inselwelt im Hinterkopf schloß ich im Herbst 1973 einen Vertrag für ganze neun Monate auf der *Hanseatic*. Kurz darauf gingen wir in Cuxhaven an Bord. Als wir in Fort Lauderdale bei den Everglades einliefen und zu diesem Anlaß an Deck spielten, erblickte ich am Kai meinen Onkel Arthur, der aus dem über vierzig Kilometer entfernten Miami herübergeeilt war. Wir umarmten uns und freuten uns über das Wiedersehen.

Die *Hanseatic* war etwas älter als die *Taras*, aber mit ihren zwölf Decks größer und komfortabler. Der *Hamburg-Salon* auf dem Salondeck, in dem wir spielen sollten, faßte zweihundertsiebzig Gäste, der Rest verteilte sich auf die anderen Etablissements, in denen Mia and the Sunny Boys, John Hansen und Bud Kurz für Unterhaltung sorgten.

Die Küchenchefs waren Mitglieder des »Chaîne des Rôtisseurs«, die Verpflegung fürstlich, schon das Frühstück umfaßte gut fünfzig Positionen. Ich glaube, das opulente Mitternachtsbuffet wurde nur für uns Musiker aufgebaut, denn die Passagiere konnten nicht mehr und die Besatzung durfte nicht. Ich war einfach nicht in der Lage, zwischen geräucherter Gänsebrust und jungem Edelfasan »Winzerinnen-Art« zu entscheiden, und legte körperlich noch mal ordentlich zu. Was mich nicht betraf, aber beeindruckte, war die Möglichkeit, koscher zu speisen, und der »Sabbath Service« am frühen Freitagabend. Klar, in Miami wohnten mein Onkel und eine ganze Reihe älterer jüdischer Emigranten.

Wir schaukelten zwischen Caracas, Grenada und Martinique umher, um alle zwei Wochen wieder in Port Everglade oder Fort Lauderdale die Passagiere zu wechseln – ansonsten wäre es langweilig für uns geworden. Der Alltag an Bord war ähnlich wie auf der *Taras*, nur nicht ganz so leger und versoffen. Wir spielten für internationale Folkloreabende und Get-together-Dances, Haremspartys, Roaring Twenties Revuen und jede Menge Varieté-Shows, wobei mir die unterschiedlichen Showgäste recht sympathisch waren.

Amerikanisches Entertainment unterscheidet sich grundlegend von deutschem, nicht nur, weil es besser ist, sondern vor allem dadurch, daß sich in Amerika niemand zu schade ist, Witze über sich selber zu machen. Auch sind die Eitelkeiten andere, das zeigt sich bei fast jedem Applaus. Hierzulande wartet der Entertainer geduldig und zufrieden, bis der letzte Klatscher verklungen ist; er will auf keine Sekunde verzichten, selbst wenn die Show dabei vollkommen auseinanderfällt. Die amerikanischen Künstler spielen mitten in den Applaus hinein und machen weiter; sie wissen einfach, daß sie gut sind, und brauchen nicht nach jedem Lied den erneuten Beweis.

Selbst die der zweiten und dritten Garnitur, die jahrelang darauf warteten, daß sich Liza Minelli ein Bein bricht, waren fähig. Sie waren oft ohne Gage für Musicalprogramme an Bord zu Gast und verbrachten auf diese Weise einen kostenlosen Urlaub. Was die dann auf dem Schiff anstellten, war mit den hiesigen Musical-Versuchen nicht zu vergleichen. Sie konnten es einfach, sie hatten das Feeling. Für sie zu spielen, war ein großer Genuß. Endlich erlebte ich meine Arbeit wieder so, wie ich sie mir früher oft vorgestellt hatte. Auch das Publikum war besser als auf der *Taras*. Das waren die VIPs und wir die VSOPs, »very special operative people«. Jeder Cognactrinker wird sie kennen, und die *Hanseatic* hatte ein paar verdammt gute Cognacs an Bord.

Wenn wir zwischendurch im Heimathafen lagen, spielte John oft in der berühmt-berüchtigten *Airbase No. One*, einem Militärflugplatz und Hochsicherheitsareal in Homestead, auf dem sich die interessantesten Nachtclubs befanden. Hierhin kamen die amerikanischen Präsidenten, um sich diskret und ohne Risiko zu amüsieren. John sorgte dafür, daß wir beide, mit Paul Pflanz am Schlagzeug, einen Abend dort zusammen spielen konnten.

Es war großartig, nach langer Zeit wieder mit der eigenen Musik Erfolg zu haben. Die Manager und Offiziere des Clubs waren aus dem Häuschen. Als sie erfuhren, daß wir nur auf der Durchreise waren, ansonsten für Touristen spielten und in Berlin sowieso keine Chance hatten, drängten sie uns, auf der Stelle Aufenthaltsgenehmigungen zu beantragen, und wollten uns fest buchen. Aber wir zögerten, das kam zu plötzlich. Eine Kreuzfahrt später waren wir wieder im Club. John stellte mich Al Telerico vor, dem Agenten, der für die besten Hotels von Florida zuständig war. Die Gerüchte besagten, daß er zur Mafia gehörte. Wenn man seine mit heftiger Eleganz umkleidete Statur betrachtete, mochte man es durchaus glauben. Vor der Tür parkte seine mit Tigerfellen ausgelegte Limousine, die in Berlin um keine Ecke gepaßt hätte.

Ich spielte gleich ein paar italienische Evergreens für ihn. Er kriegte sich vor Begeisterung nicht mehr ein. Nachher winkte er mich an die Bar, unterhielt sich eine Weile mit mir, bis er schließlich fragte: »Coco, you know, who I am? I was your manager in the *Silverwings Club* in Berlin!« Unser Staffsergeant vom Tempelhof – jetzt erkannte ich ihn. Er hatte lange nichts mehr von mir gehört. Mein Titel *Exotique* war in den sechziger Jahren auch hier in Amerika ein Erfolg gewesen und von bekannten Musikern eingespielt worden. Aber danach kam ja leider nicht mehr viel. Er wollte mich sofort engagieren und bot mir Marco Island an, das feinste Hotel Floridas, auf einer kleinen Insel direkt gegenüber von

Coco Schumann und John Hansen in der *Airbase No. One*

Miami. Diese Chance bekam sonst wirklich nur der beste in ganz Amerika, aber ich war mir meiner Sache nicht sicher und schlug sie aus.

Zum Trost bekam ich kurz darauf etwas ganz Feines in den Schoß gelegt. Ich bummelte mit John durch die Musikgeschäfte von Fort Lauderdale und spielte wieder eine »Les Paul« an, ein traumhaftes Instrument. Ich besaß schon eine, aber die original »Les Paul« war derartig schwer, daß ich nach einem Konzert immer zehn Zentimeter kleiner war als sonst, weswegen ich sie nicht mehr oft benutzte. John und ich schwärmten von ihrem Klang, und ich erklärte dem Verkäufer mein Problem. Er fragte nur, wann ich wieder hier sei. Ich entgegnete ihm, ich müsse nur eben kurz nach Jamaika und käme in zwei Wochen zurück.

Nach meiner Rückkehr erwartete mich eine ganz besondere Gitarre, mit einem japanischen Body, der wesentlich leichter ist als der amerikanische, aber mit einem echten Gibson-Hals und originalen Tonabnehmern. Ihr Klang war wahnsinnig gut und mit dem Vorbild absolut vergleichbar. Die echten Freaks hätten vielleicht bemängelt, daß der Hals verschraubt und nicht geleimt war, aber für mich spielte das keine Rolle. Ich war happy.

Nach zwei Monaten Westafrika, Mittel- und Schwarzmeer betrat ich in Cuxhaven wieder Land und schloß Gertraud in meine Arme, die ich in der Zwischenzeit nur einmal gesehen hatte. Eine Karibik-Tour hatte sie mitgemacht. Florida war auch für sie wie ein Traum, und wir waren unsicher, ob wir nicht ganz übersiedeln sollten. Schließlich beließen wir es bei der Absicht, uns ein Winterdomizil in Miami zuzulegen, um einen doppelten Sommer zu genießen, Onkel Arthur öfter zu sehen und zwischendurch gute Musik machen zu können.

In den folgenden Monaten schrieben John und ich uns lange Briefe und berieten die Situation. Seine Frau Irene, die zuvor auch auf der *Hanseatic* tätig gewesen war, hatte einen Bombenjob abgestaubt, als Assistentin des Generalmanagers vom *Ocean Reef Club*. Dessen Mitglieder mußten als Aufnahmebedingung ein Mindestguthaben von zehn Millionen Dollar aufweisen. Dieser Club bot uns ein Engagement an, mit Spitzenverdienst, vollem Service und Apartment auf dem Gelände. John schrieb: »Also, Cocole, pack de Koffer und die Olle und komm geflogen, aber fix!«

Das war eine Sache. So gern wir Deutschland wieder auf schnellstem Wege verlassen hätten, es war nicht zu machen. Gertraud ging es nicht gut. Sie hatte immer noch und wieder verstärkt mit den Nachwirkungen ihres Lageraufenthaltes zu kämpfen, so schoben wir die Entscheidung weiter hinaus. Als sie sich erholt hatte, war Irene schwer krank und John hatte ein Weltreise-Angebot auf einem Dampfer angenommen.

Heute denke ich, wir wären damals besser gleich gefahren. Für unseren Lebensabend und für meine Musik wäre es sicher nur von Vorteil gewesen. Wir säßen jetzt nicht hier, in einem Land, das inzwischen wieder nicht mehr das meine ist, in das ich heute nicht wieder freiwillig ziehen würde. Aber bei allem, was ich erlebt habe und heute empfinde, gehöre ich dennoch hierhin. Denn ich habe mein ganzes Leben in diesem Land viele Freunde gehabt, Erfolge und menschliche Wärme erlebt, so daß meine Gefühle in argem Streit miteinander liegen. Ich glaube manchmal, Deutschland an sich ist mir egal, ich sollte es einfach vergessen. Was zählt, sind die Menschen, die guten wie die schlechten, und die tägliche Aufmerksamkeit dafür, wie sie sich und mich behandeln. Nur sollte man Verständnis für die Schwächen mitbringen.

Das mußte ich mir ins Gedächtnis rufen, als ich auf der Mittelmeertour der *Hanseatic* den berühmten Komponisten Peter Kreuder kennenlernte, der im *Hansa-Theater*, dem Kino- und Theatersaal im Bug des Schiffes gastierte. Kreuders Namen kannte man in der ganzen Welt, er hatte rund tausend Stücke und hundertfünfzig Filmmelodien geschrieben und schon 1920 als sechzehnjähriges Wunderkind sein erstes Quintett geleitet. Zur Zeit des Krieges kannte ich ihn noch nicht und konnte mir kein eigenes Bild von ihm machen, aber die Meinungen über ihn variierten stark. Einerseits schätzte man ihn als erstklassigen Jazzpianisten – manche nannten ihn sogar den »Meister des weißen Jazz«, was mit Sicherheit vermessen war –, zum anderen war er unter Musikerkollegen im ganzen Reich für seine Eitelkeit und Käuflichkeit berüchtigt.

Seine Position zu den Nationalsozialisten war uneindeutig und zweifelhaft. Er selber verbreitete später mißverständlich, er sei im Krieg nach Südamerika gegangen und danach zurückgekehrt, andererseits war er schon 1932 der NSDAP beigetreten, verdankte der neuen Stimmung im Land einen großen Teil seiner Popularität und spielte im Krieg munter weiter, in der Truppenbetreuung und im Film: stramme Propagandamusik. Seine Gassenhauer waren bei Goebbels und Hitler äußerst beliebt. In Ungnade fiel er kurzzeitig, als er sich 1943 weigerte, im stark bombardierten Rheinland aufzutreten, aber für einen Ausschluß aus der Reichsmusikkammer war er den Nazis zu wertvoll. Zumindest darf man behaupten, daß er ein Meister der Unbedarftheit war.

Nun saßen wir an der Bar und unterhielten uns über meinen unvergessenen Gitarrenlehrer Hans Korseck, der zu jener Zeit auch bei Kreuder gespielt hatte. Wir schwelgten in alten Zeiten, doch immer, wenn es »gefährlich« wurde, hielten wir uns zurück. Für die Frage nach seiner damaligen Meinung und für meine Geschichte reichte das Vertrauen nicht; ich hatte eine Art innere Sperre, darüber zu sprechen. Der Rest war okay, wir plauderten wie unter Musikern. Manches Mal mußte ich an dieses Gespräch und an die Frage denken, ob ich Kreuder etwas vorzuwerfen und was ich in seiner Situation getan hätte. Ich weiß nicht: Um Musik machen zu können, wäre ich als »Arier« womöglich auch Parteimitglied geworden, schließlich hatte ich ja auch versucht, in die Reichsmusikkammer zu kommen. Schon das Nagelkreuz der Hitlerjugend war bezeichnend dafür, wie schnell auch ich in etwas hineingeraten war und dann sicher auch nicht mehr leicht den Ausstieg gefunden hätte. Ich glaube, wir sollten uns da nichts vormachen und nicht meinen, wir seien besser als andere. Die meisten von uns hätten damals mitgemacht, die meisten würden auch heute wieder mitmachen.

Autumn leaves

Zurück in der Heimat, lief alles etwas ruhiger. Ich war öfter zu Hause als bisher. Natürlich nahm ich jede Gelegenheit zum Spielen wahr, ganz gleich, ob in Clubs, der Jüdischen Gemeinde oder Kleingartenvereinen, auf Galas oder Firmenbällen, denn der Rubel mußte weiter rollen. 1975 begann ich, an der Musikschule Zehlendorf klassische Gitarre zu unterrichten.

Der Unterricht und der Versuch, die Geheimnisse des Gitarrenspiels an Schüler weiterzugeben, war eine – nun, sagen wir: »interessante« Erfahrung, mit vielen glücklichen Momenten, in denen ich das Gefühl hatte, etwas für einen Menschen und für die Musik tun zu können, aber auch mit zahlreichen deprimierenden Erlebnissen, wenn sich der Traum einer Schülerin oder eines Schülers einfach nicht umsetzen ließ; ich meine den Traum, »echter« Musiker zu werden, nicht nur, Gitarre spielen zu können. Ich hatte meine Musik damals nicht in der Schule, sondern durch das Leben gelernt. Die Seele des Jazz und des Swing war in mir, als ich mit vier Jahren an Onkel Arthurs Schlagzeug saß, als ich versuchte, den Saiten ein paar Töne zu entlocken. Manche meiner Schüler kamen nicht mit diesem Spaß, sondern mit einem eigentlich austauschbaren Instrument, mit einem Vexierbild des Musikerdaseins oder auch nur einem Wunsch ihrer Eltern. Einige von ihnen lernten recht schnell, manchmal über Nacht, was ich ihnen zeigte, aber wenn sie vorspielten, dachte ich, sie wären bestrebt, Weltmeister an der Schreibmaschine zu werden! Sie beherrschten dreihundert fehlerfreie Anschläge in der Minute, wußten aber nicht, was eigentlich in dem Brief stand, den sie da ablieferten. Bei klassischen Stücken war das manchmal zu verkraften, aber beim Swing war es aus – der Jazz führt kein Diktat!

Noten sind nur schwarze Punkte auf Papier. Man kann sie abspielen oder sie zum Leben erwecken – dann braucht man sie nicht mehr. Erroll Garner konnte keine Noten lesen, aber war ein göttlicher Musiker. Er hauchte der Musik Leben ein. Wenn ich ihn höre, kriecht mir ein Schauer über den Rücken. Auch Django Reinhardt verzichtete auf Noten, ist aber bis heute auf der Gitarre unerreicht. Doch so sehr ich manchmal in diesen Stunden litt, so sehr freute ich mich über jedes kleine, echte Gefühl, jeden swingenden Moment, der gelang.

Die letzten Jahrzehnte hatte ich in all den Bands und Combos stets mit Seelenverwandten zusammengespielt, mit Freunden im Leben und in der Musik. Wir wußten stets voneinander, das heißt, wir sprachen die gleiche Sprache und konnten uns darauf verlassen. Schon früh hatte Helmut Zacharias zu mir gesagt: »Coco, du weißt, was ich spiele, bevor ich es gespielt habe!« Das ist eines der Geheimnisse des Swing. So war es auch bei meinen Bands: Selbst wenn wir Unterhaltungsmusik spielten oder Karnevalsschlager, stellten wir sie auf diese Basis, machten sie dadurch für uns mehr als erträglich und für das Publikum zu etwas Besonderem. Nach dieser langen Zeit, und eigentlich von Anfang an, war für mich »normal« geworden, was nicht normal war, wie ich in Zehlendorf erfuhr. So gesehen, besuchte auch ich noch einmal die Schule, einen Unterricht, der manchmal ernüchternd, überwiegend aber erfrischend und schön war und der mir auf eine bestimmte Art vor Augen führte, was Musik für mich eigentlich war und ist.

In den späten achtziger Jahren begann sich die Unterhaltungsmusik wieder stark zu ändern. Aus den Radios erklangen immer seltener die Stücke, mit denen ich mein Leben bisher verbracht hatte. Die neue Art, Musik zu sehen und zu spielen, behagte mir nicht sehr. Nicht die Angst vor dem

Neuen, vor der Moderne hielt mich fern, sondern das fehlende Gefühl. Das Neue an sich ist nie verkehrt – schließlich war ich einer der ersten deutschen E-Gitarristen und hatte auch mit Synthesizern experimentiert. Aber der einsetzende Trend zum maschinellen Musizieren war für mich, mit den üblichen Ausnahmen von der Regel, nicht wirklich nachvollziehbar. Musik ist für mich Gefühl, Leben, beides haben Maschinen nicht. Sie sind perfekt, und vor allem machen sie nie das, was man Fehler nennen kann. Ich mache beim Spielen häufig welche, und viele davon mache ich gerne, sie zeugen von Leben.

Manchmal höre ich morgens beim Rasieren ein neues Stück im Radio und denke, gar nicht schlecht. Aber nach ein paar Minuten verspüre ich Unbehagen. Ich weiß nicht genau, warum. Aber diese elektronischen Instrumente schlagen mir auf den Magen. Die monotonen Drum-Maschinen erzeugen bei mir mitunter regelrecht körperliche Übelkeit. Vielleicht bin ich ja nur zu dämlich, um diese Musik zu begreifen? Aber letztendlich ist es das alte Spiel. Die Erde dreht sich weiter, was ja generell von Vorteil ist, die Zeit nimmt keine Rücksicht auf die individuellen Gefühle von Coco Schumann und auf mein Älterwerden. Ich komme eben aus einer anderen Welt, habe meine Heimat im Jazz gesucht und gefunden. In einer Welt ohne Nationen, ohne unmenschliche Werteverhältnisse und ohne musikalischen Leistungssport und kurzlebige Attitüden. Heute weiß kaum jemand, was ein richtiger Hully Gully ist, in zehn Jahren wird Moderneres den Techno verdrängen, aber der Swing und der Groove von George Gershwin und Irving Berlin werden nach wie vor ihre Wirkung nicht verfehlen.

Viele der jungen Musiker sind auf einem sehr sportiven Ego-Trip und spielen, als ob die dynamischen Zeichen der Musik nie erfunden worden wären. Ihnen ging es nur um »schneller, höher, lauter« und darum, wer als erster mit seinen vielen Tausend Noten fertig ist – als wenn Musik nichts mit Gefühl und Erotik zu tun hätte. Sie fangen laut an, werden im Verlauf des Stückes nicht leiser und hören gewaltig auf, ohne mitzubekommen, was die anderen machen. Jeder spielt solo, die ganze Zeit, kann ja alles im Studio in die Reihe gebracht werden. Aber meiner Meinung nach lebt jede gute Musik von der Dynamik, den Pausen, vom leisen Spiel.

Man muß es nur mit anderen Bühnenkünsten vergleichen: Was sagt mir denn ein Gretchen im Garten, die mir ihr »Meine Ruh ist hin, mein Herz ist schwer« am Stück entgegenschmettert, oder ein Hamlet, für den Schreien oder Nicht-Schreien keine Frage ist? Das war eigentlich das Wesentliche, was mir mein einziger echter Lehrer Hans Korseck mit auf den Weg gegeben hat: »Coco, es ist wichtig, was du spielst, aber wichtiger noch, was du nicht spielst!« Mit wenig Noten viel erreichen. Je weniger »Leistung« man bringt, desto mehr Platz bleibt für das Gefühl – und für die, die mit einem spielen. Wenn wir früher in der *Badewanne* jammten, saß Louis Armstrong neben mir und hörte zu, wie ich improvisierte. Ging es ihm unter die Haut, lachte er, wenn ihm etwas dazu einfiel, übernahm er das Spiel. Wir spielten eben miteinander, gaben uns Spielräume, komponierten gegenseitig für uns und begleiteten uns. Die Begleitung ist heute eine verlorengegangene Kunst, für unsere Musik war sie A und O.

Eines Abends im Jahr 1985 hatten wir wieder einmal ordentlich für Stimmung gesorgt mit allem, was das Publikum hören wollte. Den *Ententanz* hatten wir ganze viermal hintereinander abziehen müssen, damit die Direktorengattinnen im kleinen Schwarzen dazu mit den Hintern wackeln konnten. Um drei, vier Uhr, als die letzten Gäste sich langsam trollten, hingen wir in den Seilen, also an der Theke, und waren selbstredend nicht mehr ganz nüchtern. Plötzlich drehte ich mich zu unserem Organisten um und sagte: »Lothar, ab morgen spiele ich wieder nur noch Jazz!« Lothar guckte erst ziemlich blöd, dann lachte er und bestellte mir einen Schnaps. Aber auf einen Schlag war ich mir meiner Sache sicher, sicher wie seit vielen Jahren nicht mehr. Dieser Abend sollte der letzte mit Mucke jener Art gewesen sein, ein für allemal.

Die nächsten Tage waren nicht leicht. Ich holte die restaurierte Gibson aus dem Schrank, die ich bei Ace in Miami total verdreckt und vergammelt aus einer Ecke hervorgekramt hatte: eine der ersten Gibsons 125. Auf solchen Modellen hatten einst die ersten Big-Band-Gitarristen gespielt! Ich hatte sie geschrubbt, vorsichtig und tagelang, ihr zuletzt mittels Autopolitur ein wunderbares Finish gegeben, das sie wieder genausogut aussehen ließ, wie sie sich anhörte. Ich probierte Griffe und Rhythmen, die meine Finger schon fast vergessen hatten. Manchmal verzweifelte ich fast, wenn sich in mir der Swing austobte und ich ihn nicht in die Saiten hineinbekam.

Aber mein Entschluß stand fest. Ich war nicht mehr der Jüngste, in der mir verbleibenden Zeit wollte ich nur spielen, was mir gefällt. Die längste Zeit hatte ich mich nach anderen gerichtet, nach Freunden und Kollegen, nach Helmut Zacharias, Wolfgang Gabbe und all den anderen, und auf *meine* Weise gespielt, was *sie* dem Publikum sagen wollten. Es war gut so, hatte Spaß gemacht. Aber nun wollte ich selber reden.

Ich habe viel zu sagen. Die Richtung war klar: »back to the roots«, in die Welt zurück, in der meine Seele zu Hause ist, in den Swing. In diese geheimnisvollen und einfachen Schwingungen, die die Musiker zusammenführen und den Funken aufs Publikum überspringen lassen; die jeden, der fühlt, zu einem Teil des Ganzen machen, egal, wer er ist oder woher er kommt. Wer den Swing in sich hat, ob er im Saal steht oder auf der Bühne, kann nicht mehr im Gleichschritt marschieren.

Back to the roots – das betraf nicht nur die Musik. Je mehr ich mich wieder hineinfand in die altvertrauten Griffe und Melodien, in die Lust und die Möglichkeit, zu improvisieren, in die Fähigkeit, die Finger, den Kopf, den Bauch, die Seele miteinander spielen zu lassen, desto mehr beschäftigte ich mich mit Gedanken, denen ich lange keinen Raum in meinem Alltag gegeben hatte. Die Musik brachte mich wieder dazu, mich nach immerhin viereinhalb Jahrzehnten auf eine andere, neue Weise mit den Geschehnissen meiner Kindheit und Jugend auseinanderzusetzen und zu versuchen, hinter die Dinge zu blicken. Ich fühlte mich mit schlappen sechzig Jahren auf dem Buckel nicht alt, aber zumindest ein bißchen reifer. So traute ich mich langsam an etwas heran, zu dem ich all die Jahre hindurch weder den Mut gehabt noch die Notwendigkeit verspürt hatte: an die Möglichkeiten, von meinem Leben zu erzählen.

Berlin 1997

Mit Karl Heinz Böhm, 1997

Im Sommer 1986 besuchte mich der Journalist Paul Karalus, der zusammen mit Alfred Segeth einen Film über mein Leben plante. Ich fragte ihn, welches meiner Leben er meinte, er antwortete, er wolle beide beziehungsweise das eine, das ganze. Nach all den Jahren des Schweigens war ich zuerst gar nicht einverstanden mit dieser Idee, doch Karalus gelang es, mich davon zu überzeugen, daß es nicht nur eine neue Erfahrung für mich wäre, sondern schlichtweg Pflicht und Schuldigkeit – gegenüber meinem Leben, der Musik, gegenüber den Menschen. Er brachte mich dazu, darüber nachzudenken, warum ich geschwiegen hatte.

Diese Tage sollten mein Leben ändern. Einundvierzig Jahre war es her, daß ich in den Jazzkeller am Kurfürstendamm stolperte und meinen Freunden vor Schreck die Instrumente aus der Hand fielen, als mein »Geist« vor ihnen erschien. Möglicherweise hatte ich mich genau in diesem Moment gefragt, was es nutzte, mehr zu erzählen als die drei Worte Theresienstadt, Auschwitz und Dachau, und in dem ich entschied, lieber zur Gitarre zu greifen und einfach nur draufloszuspielen, was das schöne neue Leben hergab. Was hätte es damals gebracht – ich weiß es bis heute nicht. Ich hatte meine Freunde wiedergefunden und meine Musik, und ich hatte Angst, nach wie vor. Nicht vor den Nazis, aber davor, kein »Deutscher« mehr zu sein, kein Musiker, kein Freund, sondern nur Opfer, davor, meine Freunde und all diejenigen, von denen ich nicht wußte, wie sie sich verhalten hatten, zu verletzen und zu beschämen. Angst davor, daß sie vor Verlegenheit nichts mehr mit mir zu schaffen haben wollten, und auch davor, daß mich jemand fragen könnte, wie ich denn nach alledem gute Laune haben könne. Angst vor der Betroffenheit, vor der Einsamkeit, die ein solches Schicksal mit sich bringt, und auch vor den Bildern. Angst vor den Träumen vom Lager und vom Tod, und vor der Frage, warum ich überlebt habe und all die anderen nicht.

Im Lauf der Zeit kam etwas anderes hinzu: die Erkenntnis, daß dieses Land keinen Moment lang ernsthaft bestrebt war, Gerechtigkeit walten zu lassen und die eigene Geschichte zu verarbeiten; der Eindruck, daß es den Schuldigen, den Mitschuldigen und den »unschuldigen« Tätern ein leichtes gewesen war, sich wieder ins reine, ins rechte Licht, in Amt und Würden zu setzen und abermals das Leben der »Überlebenden« zu bestimmen. Mein Freund, der Autor Henryk M. Broder, sagte vor ein paar Jahren einen treffenden Satz, den ich nicht vergessen kann: »Coco, die werden uns nie verzeihen, was sie uns angetan haben!«

Sogar gegenüber den engen Kumpanen, Helmut, Hella, Bully und meinen Musikern, hatte ich geschwiegen, denn mit ihnen lebte ich in die Zukunft hinein. Das Vergangene sollte abgeschlossen sein, wer davon wußte, mit dem verstand ich mich auch ohne Worte. Erst mit den Jahren dämmerte die Erkenntnis, für deren Konsequenzen ich mich nun bereit fühlte: Wer einmal in Auschwitz war, der kommt nicht mehr heraus, ob er will oder nicht. Vergessen kann man es nicht, irgendwann muß man anfangen, die Erinnerung mit in das Leben einzubeziehen. Wenn ich auch nicht an Erlösung glaube, welcher Art auch immer, so gilt für mich der Satz des Schriftstellers Armin T. Wegner: »Das Vergessenwollen verlängert das Exil. Das Geheimnis der Erlösung ist die Erinnerung.« Ich mußte Wege finden, von meinem Leben zu erzählen, genau wie ich Wege gefunden hatte, wieder *La Paloma* zu spielen.

Ein definitiv wahres und authentisches Erzählen von Leben und Gefühlen in Auschwitz ist nicht möglich, aber jeder neue Versuch ein wichtiger Teil der Geschichte, die jenen Tagen folgt. Viele Menschen sind auch heute nicht in der Lage, sich damit auseinanderzusetzen oder gar davon zu berichten. Täglich verzweifeln Menschen im nachhinein daran. Bei jedem, mit dem das passiert, hat Hitler doch noch gesiegt.

Der Film von Paul Karalus war der Anfang. Vor laufender Kamera hatte ich bei Helmut und Hella zu Hause gesessen und diesen beiden lieben, mir vertrauten Menschen die Erlebnisse jener Jahre anvertraut. Jetzt spürte ich nicht mehr soviel Angst, denn es ging nicht darum, ihnen Mitgefühl zu entlocken, sondern um den Akt, endlich zu erzählen. Die beiden waren erschüttert, doch ich wußte, daß sie mein Verhalten verstanden und richtig fanden.

Wie ich anderen angemessen diese Erlebnisse vermitteln kann, weiß ich bis heute nicht, sondern nur, daß ich es muß. Ich will nicht betroffen machen, nur erzählen, was war. Für mich gibt es keine Schuld der Allgemeinheit, keine Kollektivschuld der Deutschen. Ich bin selber einer, meine Eltern waren welche, meine Großeltern, mit den Säbeln an der Wand, dem großväterlichen, gewaltigen Kaiser-Wilhelm-Bart und stets einem flotten Shimmy auf den Lippen. Wieviele der geschätzten drei Millionen Toten in Auschwitz-Birkenau und der zahllosen Opfer waren – neben allem, was sie sonst waren – deutsch? Und wen interessieren diese Unterscheidungen, außer die nationalsozialistischen Massenmörder und deren Nachfolger im Geiste? Schließlich hatten viele Deutsche meinem Glück und meinem Überleben nachgeholfen, als das Todesurteil schon gesprochen war, hatten mir die Möglichkeit gegeben, daß meine innere Stimme, die mir immer treu blieb, weiterhin mit mir reden konnte, mir sagen konnte, wie ich mich zu verhalten hatte.

Nach dem ersten Film *Coco, der Ghetto-Swinger* und nach Auftritten in Jazzclubs und Rundfunksendungen interessierte man sich auf meine alten Tage wieder mehr für mich, als Musiker und Zeitzeuge. Die Zeitzeugenschaft war nicht gerade einfach. Je mehr ich erzählte, desto mehr fiel mir ein von dem, was ich ganz tief unten versteckt hatte. Alte Träume besuchten mich. Das Erinnern vertrieb die Gespenster nicht, sondern setzte sie mir erneut in den Nacken. Aber mittlerweile kann ich mit ihnen leben, ohne mich unterkriegen zu lassen und mir den Blick auf das Heute und auf die Zukunft verstellen zu lassen. Mein Leben, meine Freude am Leben haben sie schon damals nicht bekommen. Heute lasse ich sie mir nicht mehr nehmen, auch wenn die Luft dünner geworden ist.

Immer wieder überlegten Traute und ich, uns in Amerika niederzulassen oder uns zumindest das Winterhäuschen in Miami zuzulegen. Es drängte uns schon sehr, wir hatten die gepackten Koffer im Schrank und immer genug Geld zur Hand, um mit dem Auto das Land verlassen zu können, ohne vorher zur Bank zu müssen. Aber wir schafften den Absprung nicht, am Ende wurde Gertraud so krank, daß nicht mehr daran zu denken war. Wir blieben hier und mußten uns dem Gedanken stellen, einen neuen Lebensabschnitt erreicht zu haben: das Alter. Desto wichtiger wurde mir wieder die Musik.

Mit dem neuen Quartett spielten wir die schönen alten Lieder, *Lester leaps in, Let's fall in love* und das *Girl from Ipanema*, auch das Publikum fand sich wieder ein, dazu bereit, den Balladen zu lauschen, die ich sehr liebe und lange Zeit nur selten gespielt hatte. Das war Jazz: Einerseits tobt auf der Bühne das Leben, die Musiker lachen, reißen Witze und reden sich rein, andererseits sind da diese großen stillen Momente, in denen ich die ganze Welt umarmen möchte und bei denen ich nasse Augen bekomme. Bei *Autumn leaves* zum Beispiel: »The falling leaves drift by my window … and you can hear old winter song.«

Na ja, das »Jefiehl« war wieder da, in Berlin begann sich eine neue Szene für den Jazz, wie wir ihn spielten, zu etablieren. In jedem der vielen Interviews und Filme, die plötzlich über mein Leben gemacht wurden, erzählte ich auch von meiner Musik. Auf der Bühne war ich fortan der »Ghetto-

Swinger«. Die beiden Welten hatten sich untrennbar miteinander verbunden.

1989 entstand ein englischer Film namens *Swing under the swastika* von John Jeremy und Roy Ackermann mit Interviews und Dokumenten zur Geschichte des Jazz im Dritten Reich. Auch von Jeremy wurde ich befragt, und er überraschte mich: Martin Roman, der ehemalige Leiter der Ghetto-Swingers, kam nach Berlin und zu mir nach Hause. Als wir uns umarmten, wurde mir ganz anders. Wir verbrachten viele Stunden damit, Material zu sichten, das Jeremy mir vorlegte, und halfen uns gegenseitig, alles zu komplettieren. Gemeinsam fanden wir einige der »Puzzlesteinchen« wieder, die uns im Gedächtnis über die Jahre hindurch verlorengegangen waren oder an die ich mich alleine nicht recht herantraute.

Hier in Deutschland wurde der Film bisher nicht gezeigt, in Amerika hingegen zweimal landesweit ausgestrahlt. So war auch für meine amerikanischen Freunde der Schleier gelüftet, einer nach dem anderen rief mich an, um darüber zu sprechen. Was ich mich vor Jahren nicht zu versuchen traute, wurde zu einer anrührenden Erfahrung – und zur unkalkulierbaren Publicity. Kurz darauf kam ich ins alte Schöneberger Jazzlokal *Yorckschlößchen*, wo an jenem Abend ein ehemaliger Drummer von Dizzy Gillespie spielte. Als er mich sah, sprang er auf, rief: »I know this guy from television in America! He is the man playing swing in a concentration camp ...« und begrüßte mich begeistert. Na ja, sowas ist schon schön, aber trifft auch den Kern eines Problems: Ich bin ein Musiker, ein Musiker, der im KZ gesessen hat, kein KZler, der auch ein bißchen Musik macht. Die Lager und die Angst veränderten mein Leben grundsätzlich, aber die Musik hat es geführt, und sie hat es gut gemacht.

Im Januar 1989 flatterte ein Brief von Senator Volker Hassemer ins Haus, der mir verriet, es sei ihm eine große

Mit Traute anläßlich der Verleihung des Bundesverdienstkreuzes durch Volker Hassemer

Freude und Ehre, mir im Namen des Bundespräsidenten »in Anerkennung Ihrer um Volk und Staat erworbenen besonderen Verdienste« das Bundesverdienstkreuz am Bande auszuhändigen. Zuerst wußte ich nicht recht, was ich dazu sagen sollte, außer »Donnerkiel« oder etwas in der Richtung. Dann beschloß ich, daß es auch mir eine große Freude und Ehre sein sollte, jenes Kreuz zu tragen – warum nicht? Die »besonderen Verdienste um Volk und Staat« sind Sache der Auslegung und unklar genug formuliert, daß ich zur Not damit leben kann. Wenn ich in den Spiegel schaue, sehe ich mich eigentlich nicht als nationalen Ordensritter, meine Stücke *Coco nuts* und *Stripper blues* haben die deutsche Kultur auch nicht zielgerichtet bereichert. Aber da die Herren auch, wie ich hoffte, etwas anderes in ihre Begründung einschlossen, nahm ich also an und bekam, unter besonderem Hinweis auf meinen Entschluß, Berlin treu geblieben zu sein, dieses Ding um den Hals gehängt. Ich nahm es mit den Gedanken an die vielen, die es nicht bekamen und nicht mehr bekommen können. Ich nahm es für die Musik, mit all ihrem Sinn und ihrem Unsinn, für das, was sie tagtäglich wiederherstellen muß von dem, was andere zerstören.

Im Januar 1990, kurz nachdem ich den Lehrauftrag an der Musikschule aufgegeben hatte, stand ich endlich wieder mit Helmut Zacharias auf der Bühne. Wir hatten uns oft gesehen, aber nur privat, bei ihm und Hella in ihrem Haus in Ascona, wo ich jederzeit willkommen bin. Öffentlich gespielt aber hatten wir seit Jahrzehnten nicht zusammen. Nun produzierte das ZDF den Film *Ein Leben voll Musik*, zu seinem siebzigsten Geburtstag. Eine Reihe alter Freunde, darunter Paul Kuhn, Werner Müller, Margot Hielscher und Jean Toots Thielemans, brachten dem jungen Zaubergeiger ein rührendes Ständchen. Ich war nur ein wenig enttäuscht, daß Helmut sich zu diesem Ereignis nicht seine alten Pepita-Buxen

Mit Helmut Zacharias auf der Funkausstellung, Berlin 1985

angezogen hatte ... Es wurde einer jener Abende, die einen ganz euphorisch machen und unsere Jugendlichkeit wiederbelebten. Helmut und ich begannen sogar wieder daran zu denken, gemeinsame musikalische Unternehmungen zu starten.

Mein Quartett hatte anschließend sehr erfolgreiche Auftritte, bei den Gostenhofener Jazztagen in Nürnberg, beim Berliner Jazztreff und auf kleinen Festivals. Wir machten ein paar Rundfunkproduktionen und waren bei der ein oder anderen »historischen« Revue dabei. Wir spielten einmal im Monat – und tun dies bis heute – im alten Berliner Traditionslokal *Ewige Lampe* in der Leibnizstraße, mitten in dem Viertel, in dem für mich alles begann.

Manchmal spaziere ich durch die Straßen und denke an die vielen schummrigen Lokale, an die Nächte voll Musik, an die Klänge und Gerüche, die aus den Ventilatoren nach draußen drangen, während ich noch nicht wissen sollte, was

Das Coco Schumann Quartett 1997. Karl Heinz Böhm, Heinz Niemeyer, Coco Schumann, Hans Georg Schätzke

sich drinnen abspielte, in der großen weiten Welt. Vorm *Delphi* kommt mir Teddy Stauffer in den Sinn, und am Lietzenseepark ein denkwürdiger Balanceakt im Schnee. In der Synagoge sitzen meine Verwandten um mich herum, anschließend besuchen wir meine Großeltern und essen Mazze, nachdem ich mein Gebet schon wieder nicht richtig konnte. Und am Bahnhof Halensee erscheint ein Zug auf der Durchreise, ein Güterwaggon und ein Blick durch das Tor auf ein Haus am Kronprinzendamm.

Auschwitz-Birkenau, stellte ich vor vier Jahren fest, riecht für jeden, der dort war, heute wie damals, nach brennendem Fett, nach Tod; der Wind weht einem die Asche derer ins Gesicht, die einen Zug früher kamen; wenn der Morgen graut, zählt man die Schatten derjenigen, die über Nacht in den Zaun gingen, weil sie wußten, daß sie nie mehr ruhig würden schlafen können. Unsere Baracken stehen still nebeneinander und warten auf die neuen Gäste. Es ist sauber und aufgeräumt, über den Schlamm ist langes Gras gewachsen. Doch durch die Erinnerung kommt niemand trockenen Fußes. Ich stehe am Tor und sehe meine Kollegen neben mir, wir spielen *La Paloma*. Ich frage mich, ob mein Leben danach richtig war, wie es war. Eine vergebliche Frage, auf die es keine Antwort gibt. Die traurigen Augen, die alles wissen, die wissen, was kommt, die uns kurz anschauten, als sie vorüberzogen, sind da und werden immer da sein. Genau wie die Musik.

Vor drei Jahren war ich zur Kur in Bad Bevensen und saß an einem warmen Sommerabend mit grandiosem Sonnenuntergang auf der Terrasse eines Restaurants und ließ es mir gutgehen. Am Nebentisch hatten sich mehrere jüngere und äußerst heitere Menschen versammelt, und, wie es mir oft passiert, nicht viel später teilten wir den Spaß am Leben miteinander. Wir flachsten uns an, sie baten mich an ihren Tisch herüber. Ich gab eine Runde nach der anderen aus – kurzum: ein guter Abend. Schräg gegenüber fand ein Straßenfest statt, wir kaperten dort einen Tisch, die jungen Leute erzählten viele interessante Dinge von ihren Berufen, eine Journalistin war unter ihnen und mindestens zwei Herren waren bei der Polizei. Als sich die Gespräche nach Umwegen über berufliche und tagesaktuelle Angelegenheiten in den politischen Bereich bewegten und vertraulich zu werden begannen – wir waren ja unter »uns« –, hörte ich vorsichtig auf, Runden nachzubestellen. Die eben noch ausgelassenen jungen Menschen wurden auf einmal ernst, gaben ihren Stimmen eine bemühte Entschlossenheit, und ich wurde aufgeklärt über das »Ausländerproblem«. Auch aus journalistischer, aber vor allem aus polizeilicher Sicht. Darüber, daß das Reinheitsgebot für Bier gelte, aber nicht mehr für das Volk der Völker, darüber, daß es schon wieder Scherereien mit dem Weltjudentum gäbe und daß es Wege geben müsse, solche Schwierigkeiten in den Griff zu bekommen. Dann kamen sie auf das »alte Märchen« von den KZs, dem Gas und den Öfen. Schließlich wisse jedes halbwegs kluge Kind, Auschwitz sei eine einzige große Lüge.

Die Freunde und Helfer hoben ihre Gläser, das Karussell nebenan schickte bunte Lichter zu uns herüber. Ich wußte nicht, wie mir geschah, wie ich mich verhalten oder was ich sagen sollte. Einige Zeit zuvor, nach der Ausstrahlung des Films von Paul Karalus und mehreren nachfolgenden Interviews in verschiedenen Zeitungen, hatte eine Ansichtskarte in meinem Briefkasten gelegen, die zwei sich verfolgende Schimpansen zeigte. Der anonyme Gruß lautete: » Jud', hör mit deinen Schmähs auf, du spielst sonst in keinem Ghetto-Orchester mehr. Die ostmärkischen Sturmscharen werden dich holen!« In den Tagen darauf kamen mehrere Anrufe, die mich »Judensau« davon in Kenntnis setzten, daß sie wüßten, wie mein Haus anzuzünden sei. Kurze Zeit hatte ich überlegt, ob ich die Vorfälle den Behörden melden sollte. Letztendlich mochte ich mich ihnen aber nicht anvertrauen. Es war nur ein Gefühl gewesen – und jetzt saß ich hier mit ein paar Ordnungshütern, die mir altem Herrn offenbar beweisen wollten, daß Hoffnung für die »rechte Einstellung« bestand, daß auch die Jugend sich wieder Gedanken macht und Auschwitz mit pointierten Parolen kritisch hinterfragt.

Ich unterbrach meinen Nebenmann mitten in seinem Satz, den ich nicht mehr verfolgt hatte, stellte mein Glas ab, schaute in die Runde und sagte: »Meine Damen und Herren, es tut mir furchtbar leid, ich möchte Ihnen nicht den schönen Abend verderben. Aber ich weiß es besser. Ich war da.« Ihre Reaktion wartete ich nicht mehr ab. Ich drehte mich um, ging fort, bummelte durch die nächtliche Stadt und pfiff mir meinen Teil:

I got rhythm, I got music.
I got my girl – Who could ask for anything more?
I got daisies in green pastures.
I got my girl – Who could ask for anything more!
Old man trouble, I don't mind him:
You won't find him, 'round my door!
I got rhythm, I got music.
I got my girl – Who could ask for anything more!

»Solange ich Musik mache, habe ich keine Zeit,
alt zu werden.«
Altes chinesisches Sprichwort von Coco Schumann

Diskographie

Unterschiedliche Schreibweisen wurden beibehalten.

Coco Schumann: Diskographie (Auswahl)

Nina Consta mit dem Orchester Helmut Zacharias
Helmut Zacharias (vn), Hubertus Schulte (fl),
Rudi Bohn (p), Hans Nowak (b), Nina Consta (v),
Coco Schumann (g) u.a.
Berlin 16. Juni 1947
Odeon 0-26643: *Alla en el rancho grande, Ti-pi-tin*

Helmut Zacharias mit der Berliner Allstar Band
(auch verzeichnet unter: Amiga-Star-Band)
Helmut Zacharias (vn), Hans Berry (tp),
Mackie Kaspar (tp), Walter Dobschinski (tb),
Omar Lamparter (cl), Detlev Lais (ts), Erwin Lehn (p),
Coco Schumann (g), Teddy Lenz (b), Ilja Glusgal (dr)
Berlin 21. Mai 1948
Amiga Am 1150: *Honeysuckle Rose, Helmy's Be-bop Nr. 3*

Helmut Zacharias Quartett
Helmut Zacharias (vn), Rudi Bohn (p), Klaus Dillmann (b),
Coco Schumann (g)
Berlin 9. Juli 1948
Amiga Am 1151: *Schöner Gigolo, Helmy's Bebop nr. 2*
Amiga Am 1152: *St. Louis Blues, Helmy's Bebop nr. 1*
Alle auch verzeichnet unter: Berlin 21. Mai 1948,
mit anderer Titelschreibweise: *Be-bop Nr. 1,*
St. Louis Blues, Be-bop Nr. 2, Just a Gigolo

Helmut Zacharias Quintett
Helmut Zacharias (vn), Rudi Bohn (p, harpsichord, org),
Coco Schumann (g), Klaus Dillmann (b),
Kurt Grabert (dr, vib)
Januar 1949:
Br ?: *Mr. Moneymaker*
mit Helga Wille, Die Nicolets (voc)
5. Februar 1949:
Br 82354: *Ich küsse Ihre Hand, Madame; Dark Eyes*
Br 82360: *Those Little White Lies; Swing 48*
März 1949:
Br 82359: *Kosaken-Patrouille* (auch Br 82424),
You Made Me Love You
Br 82364: *The Man I Love, Mob Mob*
Alle auch auf Pol 2664 255 und BCD 15642
Juni 1949:
Br ?: *Whispering*
August 1949:
Br ?: *Twelve Street Rag*
Alle auch auf Pol 2664 255

Leo Rosner and his Gypsy Band
1950er, Homecraft Recordings, Australien
H-C 21001/2: *Russian Pot Pourri*
H-C 21003/4: *Hungarian Medl(e)y, Doina voda*
(rumanian dance)
H-C 21005/6: *Tiomnaya notch* (dark night, tango),
Ogonek (girls farewell to a soldier, tango)
H-C 21007/8: *La habanera, Oczy czornya*
(dark eyes, russian tango, sung by Peter Kotek, baritone)
H-C 21009/10: *Tabou* (slow rumba), *Besame mucho*
(sung in polish by Peter Kotek)
H-C 210011/12: *Classic samba, Serce*
(Heart, russian tango, sung by Peter Kotek)

Coco Schuman's Quintet: Rhythm Cocktail
10", Spotlight Varieties S.V. 24, Thornbury/Melbourne, Australien; 1952
Always, Two Sleepy People, Minuet, Mean To Me, Sur le pont d'Avignon, Summertime, North West Passage, What Is This Thing Called Love

Geoff Kitchen's Quintet with Guitarist Coco Schuman: The Melody Lingers
10", Spotlight Varieties S.V. 25, Thornbury/Melbourne, Australien; 1950er
(g, vib & p, acc, b, dr)
Get Happy, Music Maestro Please, You Came Along From Out Of Nowhere, Indian Summer, When I Take My Sugar To Tea, September In The Rain, On The Sunny Side Of The Street, This Song Is Ended

Coco Schumann und seine Solisten
Austroton Elite Special, 9389-45 (Single)
El Sombrero, Taverna del Corsare

Helmut Zacharias und sein Swingtett: Swing is in
Helmut Zacharias (vn), Peter Jacques (vn), Coco Schumann (g), Mica Matejic (g), Hans Rettenbacher (b), Meini Geppert (dr)
LP, EMI Electrola, HörZu 1 C 062-29 627; 1976
The Sheik Of Araby, Mr. Paganini, Music Maestro Please, Honey Succle Rose, Deep Purple, Sweet Georgia Brown, Swing In Spring, You Made Me Love You, Jeepers Creepers, Blues Intim, When You Smile, Swing Is In

Helmut Zacharias und sein Swingtett:
Swinging Christmas
Die schönsten Weihnachtslieder zum Tanzen
Helmut Zacharias (vn), Peter Jacques (vn),
Coco Schumann (g), Mica Matejic (g),
Hans Rettenbacher (b), Meini Geppert (dr)
LP, EMI Electrola 1 C 062-31 821
O Tannenbaum, Süsser die Glocken
(Sweeter The Bells Have Never Rung), Eine Muh eine Mäh,
Am Weihnachtsbaume, Jingle Bells, Susanni – Susanni,
Swinging Christmas, Ihr Kinderlein kommet
(Come hither ye children), Leise rieselt der Schnee
(Quietly falls the snow), Kling Glöckchen klingelingeling
(Ring little bell), Morgen Kinder wirds was geben,
White Christmas

Coco Schumann Quartett:
Coco Schumann live in »Ewige Lampe«
Coco Schumann (g), Wolfgang Köhler (p),
Micky Bahner (b), Horst Sommer (dr)
Livemitschnitt Radio Bremen 24. April 1996
Veröffentlichung als Compact-Cassette
Lester Leaps in, Just friends, The girl from Ipanema,
Here is that rainy day, Let's fall in love, Autumn leaves,
Satin doll, Stripper Blues (C. Schumann), *Continental,*
Exotique (C. Schumann), *Stompin' at the Savoy, Nuages,*
Blue room, Coco nuts (C. Schumann)

Compilations (Auswahl)

Besetzungen und Aufnahmedaten siehe zum Teil Liste der Originalaufnahmen

Helmi's Swing
Hot Aufnahmen der 40er Jahre mit Helmut Zacharias und seinen Solisten
EMI Electrola, Der goldene Trichter,
Historische Aufnahmen,
DLPLC 0287, 1C134-45361/62N
Darauf unter anderem:
Nina Consta mit dem Orchester Helmut Zacharias
Alla en el rancho grande, Ti-pi-tin (Odeon 0-26643)
Helmut Zacharias Quartett
Helmy's Bebop nr. 1, Helmy's Bebop nr. 2 , Schöner Gigolo, St. Louis Blues
Helmut Zacharias mit der Berliner Allstar Band
Helmy's Bebop nr. 3, Honeysuckle Rose

Jazz auf Amiga 1947-1962, Vol. I
Amiga Mono 8 50 852; 1981
Darauf unter anderem:
Helmut Zacharias Quartett
Be-bop Nr. 1, St. Louis Blues, Be-bop Nr. 2, Just a Gigolo
Amiga-Star-Band
(Besetzung identisch mit Berliner Allstar Band)
Helmy's Be-bop Nr. 3, Honeysuckle Rose

Mein Geschenk an Dich
Philips mono P 48 100 L / stereo 840 478 PY
Darauf unter anderem:
Jean »Toots« Thielemans (hca), Orchester Simon Krapp
Au revoir, mon amour (Coco Schumann)

Midnight-Music
Austroton Elite Special SOLP 33-216
Darauf unter anderem:
Coco Schumann Combo
Taverne del Corsare, Señorita de la Mambo
(Coco Schumann)

Helmut Zacharias Quartett: Ich habe Rhythmus
Original Brunswick/Polydor/Heliodor-Aufnahmen
1949-1957
CD, Bear Family Records 513 966-2; BCD 15642 AH;
1992
(Entgegen des Titels dieser CD sind keine Aufnahmen des
H. Z. Quartetts darauf enthalten.)
Darauf unter anderem:
Helmut Zacharias Quintett
Ich küsse Ihre Hand, Madame; Dark Eyes (Br 82354)
Those Little White Lies, Swing 48 (Br 82360)
Kosaken-Patrouille (Br 82359/82424)
You Made Me Love You (Br 82359)
The Man I Love, Mob Mob (Br 82364)

La Paloma · One song for all worlds Vol. 2
CD, Trikont US-0227 / LC 4270, 1996
Darauf unter anderem:
Coco Schumann Combo
Coco Schumann (g), Karl-Heinz Böhm (ts),
Niels Unbehagen (p), Thomas Fassnau (b),
Horst Sommer (dr)
La Paloma

Coco Schumann: Double, Fifty Years in Jazz
Doppel-CD, Trikont US-0238; 1997
Ein Querschnitt der Aufnahmen von/mit Coco Schumann,
von den Anfängen bis heute
(erscheint im September 1997)

Coverversionen (Auswahl)

The Rhythm Masters
Columbia stateside, C 22 343 / 45-DW 6090
Darauf unter anderem:
Exotique (Coco Schumann), 7 XCR 50169

Robert Mersey And His Orchestra
Columbia 4-42584
Darauf unter anderem:
Kookaburra (Coco Schumann), JZSP 57871

The versatile Martin Denny
USA, Liberty Records Mono LRP-3307 / Stereo LST-7307
Darauf:
Exotique Bossa Nova (Coco Schumann)

Filme über Coco Schumann

John Jeremy/Roy Ackermann:
Swing under the swastika. Interviews und Dokumente
Großbritannien 1989

Gabriele Deneke:
Tanz in den Abgrund. Das ungewöhnliche Leben des Jazzmusikers Coco Schumann
BRD: SFB/B1, 1996. Dokumentation 45 min.

Paul Karalus/Alfred Segeth:
Deutschlandbilder.
Aus einem Musikerleben. Coco, der Ghetto-Swinger
BRD: WDR, 1986. Film, 45 min.

Die Herausgeber danken Guido Fackler für seine fachliche Unterstützung und verweisen auf dessen interessante Publikation: *Jazz im KZ. Ein Forschungsbericht.* In: Wolfram Knauer (Hg): *Jazz in Deutschland.* Eine Veröffentlichung des Jazz-Instituts Darmstadt (Darmstädter Beiträge zur Jazzforschung, Band 4). Hofheim 1996, Seiten 49 bis 91.

Inge Deutschkron im dtv

Das Lebensschicksal einer engagierten Journalistin – ihre Kindheit als jüdisches Mädchen in der Nazizeit und ihr Leben nach dem Überleben.

Ich trug den gelben Stern
dtv 30000

Ein unprätentiöser Bericht über das verzweifelte Leben und Überlebenwollen eines jüdischen Mädchens in Berlin. Entrechtet und verfolgt, befürchtet die Familie jeden Moment Deportation und Tod. Ein Leben in der Illegalität beginnt, unter fremder Identität, lebensbedrohend auch für die Freunde, die ihnen Beistand gewähren. Nach Jahren quälender Angst vor der Entdeckung haben Inge Deutschkron und ihre Mutter den bürokratisierten Sadismus des nationalsozialistischen Systems überlebt: zwei unter den 1200 Juden in Berlin, die dem tödlichen Automatismus entronnen sind.

Mein Leben nach dem Überleben
Die Fortsetzung von ›Ich trug den gelben Stern‹
dtv 30460

Wie richtet sich Inge Deutschkron ihr Leben nach 1945 ein? Wie geht ihre Geschichte weiter? „Ich malte mir ein Idealbild vom neuen Deutschland aus – ein Deutschland, in dem es einen neuen Geist geben würde. Erfahrung hatte ich zwar im Kampf ums Überleben, aber, wie sich bald zeigen sollte, war ich sehr naiv, was des Lebens Wirklichkeit betraf.“ Die streitbare Journalistin gibt in diesen Aufzeichnungen ein spannendes Zeitzeugnis der fünf Jahrzehnte vom Kriegsende bis in die Gegenwart, die gerade auch in ihren persönlichen Erlebnissen und durch ihre unbestechliche, ungewöhnliche Sichtweise begreifbar werden.

Maxim Biller im dtv

»... begrüßen wir einen möglichen
Geistesenkel Tucholskys!«
Süddeutsche Zeitung

Die Tempojahre
dtv 11427

Leichtfüßig, mit entwaffnender Selbstironie und einer Portion Arroganz nimmt Maxim Biller sich in den ›Tempojahren‹ all der Unwahrheiten und Bluffs, der Schein-Phänomene und falschen Idole unseres Medien-Zeitalters an. Verschont wird dabei niemand: Von Mickey Rourke bis Marcel Reich-Ranicki – Biller ist ein mutig-respektloser Promischreck. »Er attackiert Zeitgenossen und Zeitströmungen in einer frechen, angriffsbetonten Sprache, der es nicht an stilistischer Furore, wohl aber an Respekt fehlt. Biller liebt nicht den leichten Degen, er bevorzugt den Säbel.« (Der Standard)

Wenn ich einmal reich und tot bin
dtv 11624

»Ich habe seit den Nachkriegsromanen von Wolfgang Koeppen, seit Bölls früher Prosa, seit einigen Essays von Hannah Arendt, Adorno, Mitscherlich und Hans Magnus Enzensberger kaum etwas gelesen, das dem Blendzahn der Zeit so wahr und diesmal so witzig an den Nerv gegangen wäre... Was für ein Buch!« (Peter von Becker in der ›Süddeutschen Zeitung‹)

Land der Väter und Verräter
dtv 12356

Poetisch und mitreißend, komisch und ernst erzählt Maxim Biller von der Zeit, in der wir leben. Sein Buch ist ein faszinierendes Kaleidoskop unserer Epoche: Sechzehn mitreißende, tragikomische Erzählungen über traurige Überlebende, komische Lebenskünstler, verwirrte Wissenschaftler, abgefallene Stalinisten, freche Mädchen, gemeine Schriftsteller, melancholische Mütter und lügende Väter.

Boulevard Berlin

Wichtige Bücher für die Annäherung an eine faszinierende Stadt. Große Autoren erschließen aus unterschiedlichen Perspektiven die Vielfalt der Hauptstadt. Literarische Zeitgenossenschaft neben journalistischer Sachlichkeit.

Bahnhof Berlin
Herausgegeben von
Katja Lange-Müller
dtv 8392

Alfred Döblin
Berlin Alexanderplatz
Die Geschichte vom
Franz Biberkopf
dtv 8385

Ecke Friedrichstraße
Ansichten über Berlin
Herausgegeben von
Evelyn Roll
dtv 8384

Theodor Fontane
Frau Jenny Treibel
oder „Wo sich Herz zum
Herzen find't"
dtv 8390

Dieter Hildebrandt
**Die Leute vom
Kurfürstendamm**
Roman einer Straße
dtv 8389

Ursula von Kardorff
**Berliner Aufzeichnungen
1942 bis 1945**
dtv 8391

Angelika Schrobsdorff
**„Du bist nicht so wie
andre Mütter"**
Die Geschichte einer
leidenschaftlichen Frau
dtv 8387

Barbara Sichtermann
Vicky Victory
Roman
dtv 8388

Eckart D. Stratenschulte
**Kleine Geschichte
Berlins**
dtv 8383

Christa Wolf
Unter den Linden
Erzählung
dtv 8386